高等院校会计专业（新准则）通用规划教材

计算机辅助审计实用教程

A Practical Course in Computer Assisted Audit Techniques

（鼎信诺审计教学系统）

第二版

主　编　马春静

上海财经大学出版社

图书在版编目(CIP)数据

计算机辅助审计实用教程(鼎信诺审计教学系统)/马春静主编.
—2版.—上海:上海财经大学出版社,2018.8
高等院校会计专业(新准则)通用规划教材
ISBN 978-7-5642-3093-7/F·3093

Ⅰ.①计… Ⅱ.①马… Ⅲ.①计算机应用-审计-高等学校-教材
Ⅳ.①F239.1

中国版本图书馆CIP数据核字(2018)第179392号

□ 责任编辑　吴晓群
□ 封面设计　杨雪婷

计算机辅助审计实用教程
(鼎信诺审计教学系统)
(第二版)

马春静　主编

上海财经大学出版社出版发行
(上海市中山北一路369号　邮编200083)
网　　址:http://www.sufep.com
电子邮箱:webmaster@sufep.com
全国新华书店经销
上海华业装潢印刷厂有限公司印刷装订
2018年8月第2版　2025年6月第7次印刷

787mm×1092mm　1/16　10.75印张　275千字
印数:14 501—15 000　定价:35.00元

第二版前言

计算机与信息技术的发展和广泛应用，改变了组织的作业环境和作业条件。现代组织运营管理对于信息技术的依赖与日俱增。审计环境的这种变化，使计算机辅助审计技术已成为审计人员专业胜任能力的基本要求。高校理应担当起培养未来的审计从业者具备计算机辅助审计应用技能的重任，为此，切实开展计算机辅助审计教学成为高校会计、审计等专业教学改革的当务之急。而开展计算机辅助审计教学的关键是要有适合教学需要的计算机辅助审计教学系统，同时也需要一本配套的教材。

鼎信诺审计系统作为国内市场主流审计应用软件之一，已经有较为成熟的教学系统，为计算机辅助审计教学的真正开展做出了一定的贡献。在总结多年来应用鼎信诺审计教学系统开展计算机辅助审计教学经验与教训的基础上，作者对第一版教材进行了大幅度修订，调整结构，增加内容，使可操作性更强，以期为高等院校会计、审计等相关专业的计算机辅助审计教学的开展提供充实的资源。

本书共九章，第一章是对计算机审计及计算机辅助审计技术做概括介绍；第二章到第八章，以鼎信诺审计系统为载体，介绍计算机辅助审计技术的具体应用，包括数据采集、系统管理与系统基本设置、财务数据导入、数据初始化与财务数据维护、测试分析、审计分析与审计抽样的应用、审计工作底稿的管理与编制、审计调整等；第九章是计算机辅助审计实验。

本书在结构与内容上主要突出应用性。全书围绕鼎信诺审计系统，突出审计软件的应用，每章正文内穿插了软件功能应用案例，章后设有具有针对性的实训项目。最后一章设计了综合实验，创设仿真的审计执业氛围，利用审计软件模拟会计师事务所财务报表审计执业过程，以便读者能掌握计算机辅助审计的基本方法，训练计算机辅助审计技能，锻炼审计执业能力。

本书既可作为高校财经类专业计算机辅助审计课程的教学用书，也可作为社会上各类审计从业人员学习计算机辅助审计技术的参考书。

在本书的编写过程中，得到了北京鼎信创智科技有限公司提供的技术支持，得到了会计师事务所审计实务一线专家和出版社编辑老师的鼎力支持，在此一并致以最诚挚的感谢。

鉴于作者的经验与水平有限，疏漏难免。在此，恳请同行和广大读者批评指正，烦劳将意见与建议发至作者邮箱 auditor7@126.com，以便加以修正和改进。

作者
2018年8月

目　录

第二版前言/1

第一章　计算机审计概论/1
第一节　计算机审计的基本方法/1
第二节　信息技术环境下的内部控制及测试/4
第三节　计算机辅助审计技术的运用/7

第二章　鼎信诺审计系统简介与数据采集/12
第一节　鼎信诺审计系统的总体结构/12
第二节　鼎信诺审计系统的安装和卸载/14
第三节　数据采集/17
　　实训/22

第三章　系统管理/23
第一节　项目管理/23
第二节　用户管理/30
第三节　系统基本设置/34
　　实训一/38
　　实训二/38
　　实训三/38

第四章　财务数据/39
第一节　导入数据与数据初始化/39
第二节　财务数据的维护/46
　　实训一/60
　　实训二/60
　　实训三/60

第五章　会计报表与总账和明细账/61
第一节　会计报表/61
第二节　总账和明细账/72
　　实训/74

第六章 测试分析、审计分析与审计抽样的应用/76
第一节 测试分析/76
第二节 审计分析/81
第三节 审计抽样的应用/84
  实训一/93
  实训二/93
  实训三/93

第七章 审计工作底稿的管理与编制/94
第一节 底稿管理/94
第二节 底稿的编制/99
  实训一/123
  实训二/123
  实训三/123

第八章 审计调整/124
第一节 负值重分类调整/124
第二节 审计调整分录维护/128
  实训一/137
  实训二/137

第九章 计算机辅助审计实验/138
第一部分 实验的组织/138
第二部分 实验资料/140
第三部分 实验项目/148
  实验项目一 项目管理与用户管理/148
  实验项目二 数据导入、数据初始化与数据维护/149
  实验项目三 应收账款审计/149
  实验项目四 营业收入审计/151
  实验项目五 应付账款审计/152
  实验项目六 管理费用审计/153
  实验项目七 存货审计/153
  实验项目八 长期股权投资审计/155
  实验项目九 长期借款审计/156
  实验项目十 固定资产审计/156
  实验项目十一 应付职工薪酬审计/159
  实验项目十二 货币资金审计/159
  实验项目十三 业务完成阶段审计工作/164

参考文献/166

第一章 计算机审计概论

20世纪60年代,随着计算机技术、现代通信技术及互联网技术的进步,信息技术被广泛应用于社会的各个领域。就企业而言,会计信息系统已经普及,企业管理高度信息化,审计环境发生了翻天覆地的变化,传统的审计技术已经不能适应信息技术快速发展的需要,计算机审计应运而生并快速发展起来。当时美国的一些财务公司研发了面向多种审计环境的以审计作业为核心的管理软件,这些管理软件成了最早的审计软件。一些软件公司也尾随其后开始研制专门的审计软件。然而,真正的商品化审计软件出现是在1987年,加拿大的 ACL Services Ltd 公司推出了第一个商品化的审计软件 ACL(Audit Command Language),经过几十年的发展,审计软件的功能越来越丰富,适用范围不断扩大。这些审计软件已经成为管理信息系统中不可或缺的重要组成部分之一,有力地推动了审计信息化的进程。

与传统手工审计相比,会计信息化在企业中的应用并不会改变审计目标、风险评估和风险应对的原则性要求,但其对审计的影响相当广泛。例如:

1. 对审计线索的影响

在会计信息化环境下,从业务数据的处理过程到会计报表的输出都由计算机按照程序指令完成,存储在磁性介质上的数据可能被篡改而不留痕迹。计算机记录的顺序和数据处理工作很难直接观察到,审计线索发生了极大的变化,使审计线索的追踪与传统手工会计环境下的审计线索的追踪迥然不同。

2. 对审计技术的影响

在会计信息化环境下,审计人员需要掌握计算机科学与应用技术方面的知识,熟悉会计信息系统内的风险和控制,对审计的策略、范围做出相应的调整,尤其是利用计算机技术,运用新的方法,比如程序代码检查法、系统测试法等。

3. 对审计内容的影响

在会计信息化环境下,各项交易与事项都是由计算机按照程序自动处理的,审计的内容必然要包括对信息化系统的处理和相关控制功能的审查。比如,在审计账龄分析表时,在信息技术环境下,审计人员必须考虑其数据准确性以支持相关审计结论,因而需要对其基于系统的数据来源及处理过程予以考虑。再如,企业管理高度信息化,内部控制在形式及内涵方面发生了变化,业务活动和业务流程蕴含着新的错报风险,从而使审计时对内部控制的了解和测试的内容与手工会计条件下的了解和测试相比有很大的改变。

第一节 计算机审计的基本方法

从计算机审计的发展历程看,计算机审计的基本方法可以归纳为绕过计算机审计、穿过计算机审计、计算机辅助审计、联网审计四种方法。这四种方法的先后出现与发展实际上也演绎着计算机审计的变迁。

一、绕过计算机审计

绕过计算机审计又称为"黑盒"审计(或间接审计),这种审计模式把计算机仅仅看成存储和处理数据的机器,审计人员在审计时只审查输入的数据和打印输出的资料。它将会计信息系统看作一个不可知的"黑盒子",无须对计算机的处理过程和程序化控制加以直接、详细的了解,而只是对计算机的输入信息和输出资料加以检查,将一定时期内的输入输出资料全部打印出来,从已由计算机处理过的业务中选择部分业务,并由审计人员对其进行手工重复处理,然后将手工处理结果与计算机处理结果相比较,再根据二者比较的一致程度来评价会计信息系统处理及控制的功能。绕过计算机审计的过程如图1—1所示。

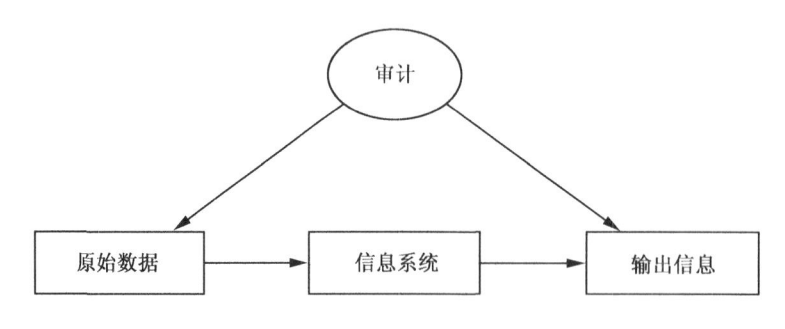

图1—1 绕过计算机审计示意图

二、穿过计算机审计

穿过计算机审计又称为"白盒"审计或直接审计,这种审计模式不仅要求审查被审计单位输入数据和输出数据,还要审查被审计单位会计信息系统的系统程序、应用程序、数据文件以及计算机硬件配置,以实现在对被审计系统的控制与处理功能的可靠性进行评价的基础上确定实质性程序的性质、时间与范围。穿过计算机审计的过程如图1—2所示。

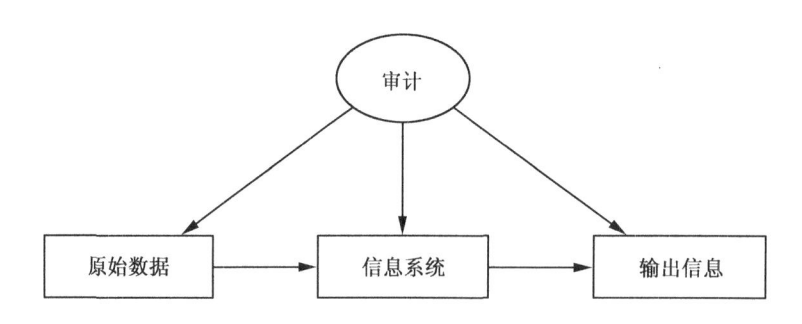

图1—2 穿过计算机审计示意图

三、计算机辅助审计

计算机辅助审计又称为利用计算机审计,是利用计算机技术和审计软件对会计信息系统所进行的审计。审计过程中使用审计软件和一些应用程序,开展审计抽样,进行数据查询分析及重新计算等。计算机辅助审计的过程如图1—3所示。

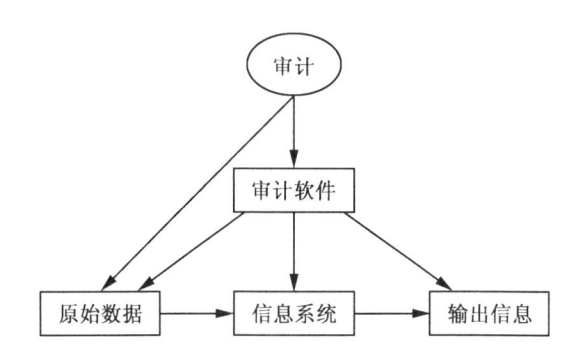

图 1-3　计算机辅助审计示意图

四、联网审计

随着计算机网络的发展,出现了会计联机实时报告系统,传统的事后审计、就地审计方式将逐渐被在线实时审计模式——联网审计所取代。联网审计就是审计人员通过计算机远程访问,调用被审计单位的财务会计资料、业务数据资料及其所反映的经济活动,按照一定的程序,利用辅助审计工具实时检查和评价审计对象。联网审计的过程如图 1-4 所示。

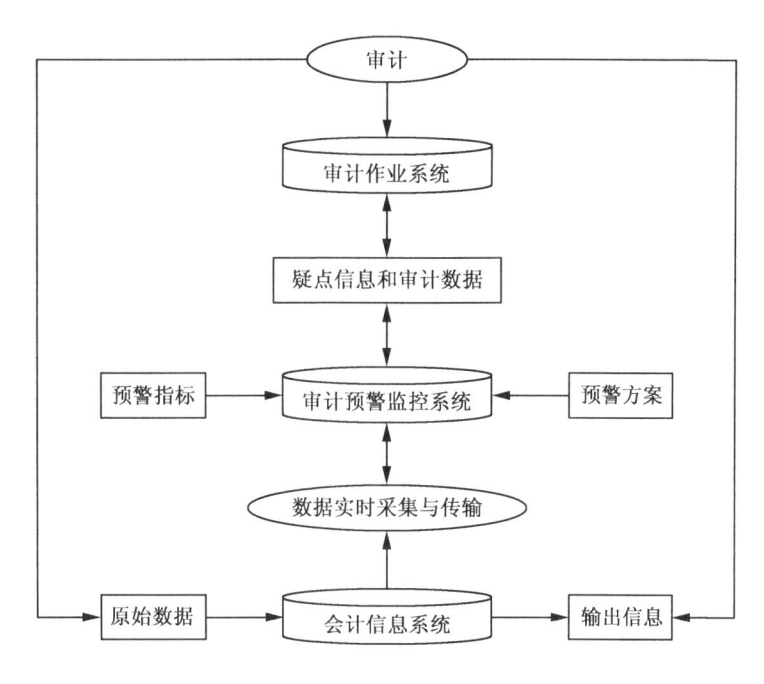

图 1-4　联网审计示意图

第二节　信息技术环境下的内部控制及测试

一、信息技术环境下内部控制的方式

在信息技术环境下,控制的方式可能既有自动控制(如嵌入计算机程序的控制),又有人工控制。在处理大量常规的交易或数据时,常应用自动化控制;在处理需要主观判断的非常规交易时,则需要人工控制。人工控制可能独立于信息技术系统,也可能利用信息技术系统生成的信息,还可能限于监督信息技术系统和自动控制的有效运行或者处理例外事项。例如,系统进行自动操作来实现对交易信息的创建、记录、处理和报告,并将相关信息保存为电子形式(如电子的采购订单、采购发票、发运凭证和相关会计记录),但相关控制活动也可能同时包括人工控制的部分,比如,订单的审批和事后复核以及会计记录调整之类的人工控制。不同企业的人工控制及自动控制的组合方式会有所区别。小型企业生产经营不复杂,可能以人工控制为主;大中型企业往往以自动化控制为主。

二、自动化控制的优缺点

(一)自动化控制产生的效率和效果

(1)自动化控制能够有效处理大流量的交易及数据,因为自动化信息系统可提供与业务规则一致的系统处理方法。

(2)自动化控制能够提高信息的及时性、准确性及可获得性。

(3)自动化控制能够降低控制被规避的风险。

(4)自动化控制能够加强管理层对业务与政策执行情况的监督。

(5)自动化控制通过对操作系统、数据库实施安全控制,提高不相容职务分离的有效性。

(二)自动化控制产生的特定风险

(1)系统或程序可能存在未能正确处理数据,或处理了不正确的数据的风险。

(2)自动信息系统、数据库及操作系统的相关安全控制如果无效,会增加未经授权访问数据的风险,从而可能导致系统、程序或数据不适当的改变,记录未经授权或不存在的交易,或不正确地记录交易。

(3)信息技术人员获得超越其职责范围的权限,会破坏系统应有的职责分工。

(4)自动控制受到不恰当的人为干预,或人为地被绕过。

(5)自动化控制存在数据丢失或不能访问的风险,如系统瘫痪。

三、信息处理控制的种类

在信息技术环境下,为了保证交易的准确性、完整性、合规性,需要采用各种信息处理控制。信息处理控制包括信息技术一般控制和信息技术应用控制。

(一)信息技术一般控制

信息技术一般控制是指为了保证信息系统的安全,对整个信息系统以及外部各种环境要素实施的、对所有的应用或控制模块具有普遍影响的控制措施。信息技术一般控制包括程序开发(软件购置)、程序变更、程序和数据访问以及计算机运行四个方面的控制。

1.程序开发控制

程序开发控制的目标是确保系统的开发、配置和实施能够实现管理层的应用控制目标。程序开发控制的一般要素包括：

(1)对开发和实施活动的管理；

(2)项目启动、分析和设计；

(3)对程序开发实施过程的控制软件包的选择；

(4)测试和质量确保；

(5)数据迁移；

(6)程序实施；

(7)记录和培训；

(8)职责分离。

2.程序变更控制

程序变更控制的目标是确保对程序和相关基础组件的变更都经过请求、授权、执行、测试和核准。程序变更控制一般包括以下要素：

(1)对维护活动的管理；

(2)对变更请求的规范、授权与跟踪；

(3)测试和质量确保；

(4)程序实施；

(5)记录和培训；

(6)职责分离。

3.程序和数据访问控制

程序和数据访问控制的目标是确保访问程序和数据的权限是经过用户身份合法性认证并经过授权的，并且只能在预先授权的情况下才能处理数据。程序和数据访问的控制要素一般包括用户身份识别与验证、用户口令的识别与验证、用户权限的识别与控制。

4.计算机运行

计算机运行这一领域的目标是确保系统根据管理层的控制目标完整、准确地运行，确保运行问题被完整、准确地识别并解决，以维护数据的准确性与完整性。计算机运行的子组件一般包括计算机运行活动的总体管理、批调度和批处理、实时处理、备份和问题管理以及灾难恢复。

(二)信息技术应用控制

信息技术应用控制是在业务流程层面运行的人工或自动化程序，一般要经过输入、处理及输出等环节。下面针对不同的信息处理目标，分别举例说明信息技术应用控制。

1.完整性

(1)顺序标号，以保证系统中每笔日记账都是唯一的，并且系统不会接受相同编号或者在编号范围外的凭证。如果存在例外，需要系统提供一个例外编号凭证的报告，相关人员需要进行调查跟进。

(2)编号检查，以确保无重复交易录入。比如，发票付款的时候，检查发票编号。

2.准确性

(1)编辑检查，包括限制检查、合理性检查、存在性检查和格式检查等。

(2)数据核对，如将客户、供应商、发票和采购订单等信息与现有数据进行比较。

3.授权审批

交易流程中必须包含恰当的授权审批，例如，支付授权控制、信用审批控制、采购订单审批。

4. 访问限制

(1)对于某些特殊的会计记录的访问,必须经过数据所有者的正式授权。管理层必须定期检查系统的访问权限以确保只有经过授权的用户才能够拥有访问权限,并且符合职责分离原则;如果存在例外,必须进行调查。

(2)访问控制必须满足适当的职责分离。比如,交易的审批和处理必须由不同的人员来完成。

(3)对每个系统的访问控制都要单独考虑。密码必须定期更换,并且在规定次数内不能重复;定期生成多次登录失败导致用户账号锁定的报告,管理层必须跟踪这些登录失败的具体原因。

(三)信息技术应用控制与信息技术一般控制之间的关系

有效的信息技术一般控制确保了应用系统控制得以持续有效地运行;当人工控制依赖系统生成的信息时,信息技术一般控制也将发挥重要作用。

应用控制是设计在计算机应用系统中的、有助于达到信息处理目标的控制,例如,许多应用系统中包含很多编辑检查来帮助确保录入数据的准确性。编辑检查可能包括格式检查(如日期格式或数字格式)、存在性检查(如客户编码存在于客户主数据文档之中)或合理性检查(如最大支付金额)。如果录入数据的某一要素未通过编辑检查,那么系统可能拒绝录入该数据或系统可能将该录入数据拖入系统生成的例外报告之中,留待后续跟进和处理。

如果带有关键的编辑检查功能的应用系统所依赖的计算机环境存在信息技术一般控制的缺陷,上述编辑检查功能可能就会失效。例如,程序变更控制缺陷可能导致未授权人员对检查录入数据字段格式的编程逻辑进行修改,以至于系统接受不准确的录入数据。再如,与安全和访问权限相关的控制缺陷可能导致数据录入不恰当地绕过合理性检查,而该合理性检查将使系统无法处理金额超过最大容忍范围的支付操作。

四、信息技术内部控制的测试

在信息技术环境下,审计人员进行内部控制的测试时,需要从信息技术一般控制的测试与信息技术应用控制的测试两方面加以考虑。

(一)信息技术一般控制的测试

信息技术一般控制通常会对实现部分或全部财务报表认定做出间接贡献。在有些情况下,也可能对财务报表认定做出直接贡献。因此,审计人员需要对信息技术一般控制进行测试,记录信息技术一般控制与关键的自动应用控制及接口、关键的自动会计程序、关键手工控制使用的系统生成数据和报告,或生成手工日记账时使用系统生成的数据和报告的关系。

由于程序变更控制、程序数据访问控制及计算机运行控制影响到系统驱动组件的持续有效运行,审计人员需要对上述三个领域实施控制测试。

(二)信息技术应用控制的测试

每个自动应用控制都会有一个人工控制与之相对应。例如,通过批次汇总的方式验证数据传输的准确性和完整性时,如果出现例外,就需要有相应的人工控制进行跟踪调查。理论上,在测试的时候,每个信息技术应用控制都要与其对应的人工控制一起进行测试,才能得到控制是否可依赖的结论。例如,在订购商品时,为控制向未经批准的供应商采购,建立的自动化控制是在订购商品之前,系统自动与供应商主数据中每一份订购单比对,将不符事项记录于例外报告中,同时建立的人工控制是复核例外报告并经过恰当的人工审批。采取的控制测试可以是检查例外报告的复核证据,并检查例外的人工处理审批是否有恰当的签名。

第三节　计算机辅助审计技术的运用

一、计算机辅助审计技术的含义

计算机辅助审计技术(Computer Assisted Audit Techniques,CAATs),是指利用计算机和相关软件,使审计相关工作实现自动化的技术。计算机辅助审计技术使审计工作更富效率和效果:

(1)将现有手工执行的审计测试自动化。比如,对报告数据的准确性进行测试。

(2)在手工方式不可行的情况下执行测试或分析。比如,计算机辅助审计技术应用于实质性程序中的细节测试与分析程序,审阅海量数据,审阅异常的交易与事项;用于控制测试,可以对每一笔交易进行测试(包括主文件和交易文件),从而确定是否存在控制失效的情况;可以实现交易在系统中进行的穿行测试。

(3)使审计抽样的应用变得更为简单轻松,可以选择大样本。

(4)计算机不会受到过度工作的影响(审计人员在审阅大量的一页接一页的交易资料后很容易产生疲劳),计算机辅助审计技术还可以使审阅工作更富效果。

与手工的方式进行同样的测试相比较,即便是第一年使用计算机辅助审计技术进行审计也会节省大量的审计工作量,而后续年度节约的审计时间和成本则会更多。

二、计算机辅助审计的步骤

(一)审前调查

了解信息系统在企业内的分布和应用的总体情况,然后再深入调查相关子系统,包括软硬件系统、应用系统的开发情况,系统管理员的配置情况,系统的功能,系统数据库的情况,在此基础上提出可行的能够满足审计需要的数据需求,确定数据采集的对象及方式。

(二)采集数据

在审前调查提出数据需求的基础上,采用一定的工具和方法从被审计单位信息系统和数据库中或其他来源中获取相关电子数据。

常用的数据采集方式有以下几种:

1. 直接拷贝和直接读取

(1)直接从被审计单位信息系统的数据存储目录获取数据。

(2)利用被审计单位信息系统提供的备份工具进行以前年度备份数据的直接拷贝。

2. 利用数据库系统的导入导出工具

很多数据库管理系统都自带数据导入导出工具,比如 SQL Server 数据库。

3. 实体迁移

如果被审计单位信息系统数据库与审计软件系统数据库类型相同,如都使用 SQL Server,则可以直接将需要的数据库实体迁移到审计人员的电脑中。需要注意的是,实体迁移的方式要求被审计单位数据库处在空闲状态。而在实践中,网络版的财务系统往往会计人员较多,系统比较繁忙,如果将后台数据库管理系统停下,势必影响被审计单位的正常工作,当再次启动时如果因病毒感染等因素而不能正常启动,也会加大审计风险。

4. 先备份后恢复

利用被审计单位的财务系统本身具有的备份功能或采用数据库备份操作,将目标数据备份后拷贝到审计人员的电脑中,然后再还原恢复。这种方式不必停用数据库,但是备份耗时较长,影响效率。

5. 利用审计软件中的专用数据获取工具

有一些专门针对财务系统的数据提取工具,如鼎信诺审计系统中的审计前端、用友审易软件中的专用取数工具包。

(三)数据整理

在数据采集后必须对这些原始电子数据进行整理与转换,以使其满足后续数据分析的需要。数据的整理与转换可以采用 SQL 语言、Excel 软件等来实现。一般的审计软件也都提供了自己的数据转换工具。

(四)数据验证

在数据采集、整理、转换、分析、测试的整个计算机审计过程中,不断地对数据进行检查验证,以确定所审计的电子数据的准确性、正确性、一致性、连贯性和完整性。验证的内容与方法主要包括检查借贷平衡、总账与明细账金额核对、凭证与科目月余额表的核对、有关数据间的勾稽关系验证、凭证编号的验证等。

(五)数据测试分析

利用审计软件,或者 SPSS 等统计分析软件、SQL Server 等数据技术,对采集来的电子数据进行测试分析,从中发现审计疑点,获取审计证据,编制审计工作底稿,完成审计工作。

三、计算机辅助审计技术运用的基础知识

(一)审计软件

审计软件是指为实现计算机辅助审计而编写的各种计算机程序。它可以改变因手工审计造成的低效率和审计证据不充分、审计档案不规范的现状,大大降低审计风险,提高审计效率。

1. 审计软件的种类

按照应用的目的和范围不同,审计软件主要分为以下几种:

(1)现场作业软件

现场作业软件是指审计人员在进行审计作业时应用的软件,它可以实现获取、转换和处理会计数据及业务数据功能,并对数据进行审计分析测试,编制生成审计工作底稿,如鼎信诺、审易、AO 现场审计实施系统、审计之星等。

(2)法规软件

法规软件是建立法规库、搭建法规查询平台、帮助审计人员在法规库中快速查找所需要的法规条目及内容的软件。

(3)专用审计软件

专用审计软件是指为完成特殊审计任务而专门设计的审计软件,如材料成本审计软件、基建审计软件。

(4)审计管理软件

审计管理软件主要用于计划安排审计工作、分配审计任务、构建审计方法平台、实施审计质量监控与审计档案管理。

现行的审计软件通常将审计管理软件融入审计作业软件。

2.审计软件的工作原理

审计软件通常是遵循审计准则与其他审计规范,将审计技术方法加以规范化,构成不同的审计功能模块与模板,并使其程序化运作。其工作原理就是按照审计流程,首先创建审计项目,从被审计单位取得财务账套数据,并转换处理成标准格式的数据生成审计账套;其次运用审计软件预置的审计功能进行审计查询、抽样、分析、测试,并利用审计工作底稿平台,调用模板完成相应审计工作底稿的编制;最后根据审计工作底稿中记载的审计证据得出审计结论,形成审计报告,并对审计项目进行备份归档,完成整个审计工作。审计软件的工作原理如图1-5所示。

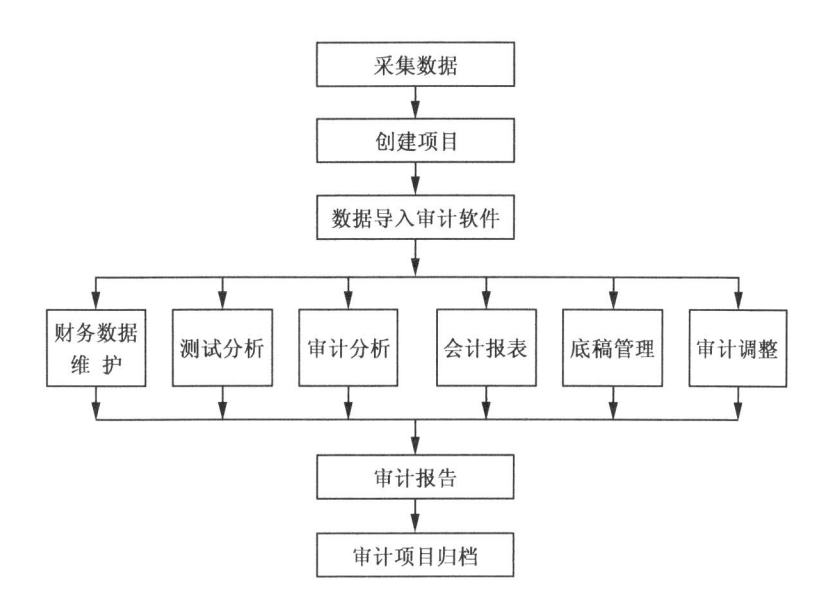

图1-5 审计软件工作原理

(二)数据库

1.基本概念

(1)数据库

数据库是为了实现某种目的按照一定规则组织起来的数据的集合。在计算机辅助审计中应用比较广泛的数据库是关系型数据库,其数据按照二维关系表的方式进行存储。

(2)表

表是组织和存储数据的对象,在关系型数据库中,它由行和列组成。数据库是表的集合,数据库的数据与信息都存储在表中。比如一个图书销售系统中,有图书明细表、图书类别表、出版社信息表、作者信息表、工作人员表、客户信息表、销售明细表等。

(3)字段

通常,表中的一列数据就是一个字段。每个字段包含某一专题的信息,例如,通讯录数据表中,"姓名""联系电话""电子邮件""通信地址"都是表中所有行共有的属性,所以把这些列称为"姓名"字段和"联系电话"字段等。字段具有自己的属性,如字段类型、字段长度等。

(4)记录

通常,表中的一行就是一条记录。每一条记录包含这行中的所有信息,就像在通讯录数据表中某个人全部的信息。

(5) 值

数据库中存放在表的行与列交叉处的数据叫作值。它是数据库中最基本的存储单元。一个值用于描述一个事物某一方面的性质。

2. 常见数据库管理系统

(1) Access

Access 是 Microsoft Office 中的一个重要组成部分,它是能够与 Office 产品的 Word、Excel 等软件实现无缝集成的办公自动化系统。其文件后缀名为.mdb。

(2) SQL Server

SQL Server 功能强大,在会计信息系统、企业管理系统中应用广泛。其文件后缀名为.mdf(主文件)和.ldf(日志文件)。

(3) Oracle

Oracle 在管理信息系统、企业数据处理、互联网及电子商务等领域有着非常广泛的应用。其文件后缀名为.dmp(备份文件)。

(4) Visual FoxPro

Visual FoxPro 是可视化功能强大的数据库管理系统平台。其文件后缀名为.dbf。

【小资料】　　　　　　　金审工程

"金审工程"是审计信息化系统建设项目的简称,是《国家信息化领导小组关于我国电子政务建设指导意见》中确定的 12 个重点业务系统之一。

一、金审工程建设背景

审计的基本职能是通过对账簿的检查,监督财政、财务收支的真实、合法、效益。但是到了 20 世纪 80 年代,以查账为主要手段的审计职业遇到了来自计算机技术的挑战。金融、财政、海关、税务等部门,民航、铁道、电力、石化等关系国计民生的重要行业,开始广泛运用计算机、数据库、网络等现代信息技术进行管理,国家机关、企事业单位会计信息化趋向普及。会计信息化发展的同时出现了会计领域计算机做假和犯罪,具有"舞弊功能"的财会软件时有出现。审计对象的信息化,客观上要求审计机关的作业方式必须及时做出相应的调整,要运用计算机技术,全面检查被审计单位经济活动,发挥审计监督的应有作用。1998 年,审计署提出审计信息化建设的意见,并开始筹备金审工程。

二、金审工程建设的意义

审计信息化是审计领域的一场革命。审计信息化的进一步发展促使审计手段发生一些重大变革：

第一,审计信息化象征着审计工作将发生三个转变:(1)从单一的事后审计变为事后审计与事中审计相结合;(2)从单一的静态审计变为静态审计与动态审计相结合;(3)从单一的现场审计变为现场审计与远程审计相结合。这三个变化将逐步实现。动态审计、远程审计还需要大环境的配合才能全面铺开。

第二,审计信息化推动审计方法的改变,对被审计单位的账目逐笔审计在过去是不可想象的,但在审计信息化情况下轻而易举。

第三,审计信息化推动广大审计人员思维方式的转变,增强审计人员的全局意识和宏观意识。

第四,审计信息化提高了审计质量,降低了审计风险。

三、金审工程建设的内容

(一)应用系统建设

整合审计业务和原有的应用系统,初步建成基于应用平台、实现数据共享的办公和业务应用系统,开展联网审计试点,探索"预算跟踪+联网核查"审计模式的实现途径与方法。

(二)网络系统建设

改建、扩建和提升审计署机关和驻地方的特派员办事处的原有网络基础设施,使之适应应用系统运行的需要;实施审计机关之间、审计机关与政府部门和重点被审计单位之间、审计机关与审计现场之间的广域连接试点。金审工程建成之后,审计署与省级审计机关、驻地方的18个特派员办事处之间的城际广域连接依托国家统一电子政务网络平台。

(三)安全系统建设

以国家关于电子政务安全体系框架为指导,以确保审计信息的安全为核心,在局域网系统设计、数据传输、审计业务应用、安全管理机构和制度等方面,采取符合国家有关安全规定的建设措施。重点解决电子政务网络统一平台环境下的数据交换、共享的安全。

(四)国家审计数据中心建设

建设满足中央和地方协同、信息共享的国家审计数据中心和各地方分中心,解决审计初稿和审计管理各类数据的存储、处理和交换。初步建立审计信息资源目录体系、审计信息资源交换体系、数据存储系统、数据处理系统、数据交换系统。

(五)服务体系建设

建立统一管理、分级负责的金审工程运行维护体制和机制。建立审计署计算机技术中心,以负责金审工程运行维护的统一管理,各地以省级审计机关统一负责当地金审工程运行维护的统一管理的体制;建立相应的金审工程运行维护机制。

(六)标准规范建设

以国家关于电子政务标准体系框架为指导,以确保网络互连互通、信息资源共享为目标,按照"有国标用国标,无国标定署标"的原则,制定金审工程需要的审计准则、审计操作指南、审计机关、审计事项、被审计单位、违纪违规行为等标准代码。

第二章　鼎信诺审计系统简介与数据采集

本书以鼎信诺审计教学系统为例,介绍审计作业软件的应用。

【小资料】　　鼎信诺审计系统功能特点

一、规范性

鼎信诺审计系统针对注册会计师财务报表审计开发设计,它遵循了《中国注册会计师审计准则》《财务报表审计工作底稿编制指南》及《企业会计准则》的规定,体现了风险导向审计理念,将风险识别与评估、风险应对结合为一个整体。

二、适用性

鼎信诺审计系统可以从多种专业财务软件采集数据。它既可以应用于单个公司审计,也可以应用于集团公司审计,系统可以存放多个审计项目,并且一个项目中能够存放多个审计年度和多个被审计单位,审计时可以查看一个项目下的不同年度、不同单位数据。

三、开放性

鼎信诺审计系统内的各种显示格式、计算公式、工作底稿、打印格式、文档等都可由审计人员进行添加、删除、调整和修改。系统提供多种数据移植功能,采集数据后,可以在不同项目间或不同计算机间进行项目数据的导入、导出、合并。

四、简易性

鼎信诺审计系统安装简便,向审计人员提供了友好的使用界面,以多级向导形式引导审计人员,简化操作,提供了多种辅助功能、快捷操作方式和在线帮助。

五、安全性

鼎信诺审计系统采取了科学的数据操作模式和合理的信息化管理方式,确保了审计数据的安全存储和审计过程的有效管理。

第一节　鼎信诺审计系统的总体结构

鼎信诺审计系统包括鼎信诺审计软件和鼎信诺审计前端两个部分。

一、鼎信诺审计软件

鼎信诺审计软件操作主界面由三个部分组成:菜单栏、底稿向导、功能区(如图 2—1 所示)。

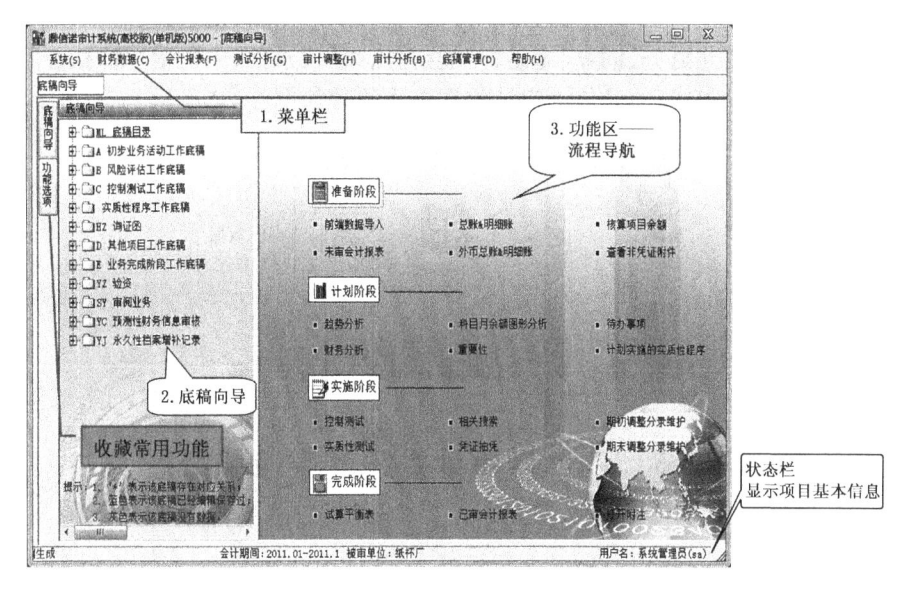

图 2—1　鼎信诺审计软件操作主界面

(一)菜单栏

菜单栏包括系统、财务数据、会计报表、测试分析、审计调整、审计分析、底稿管理、帮助八个主菜单。每个主菜单都有若干个二级子菜单与三级子菜单。例如,系统菜单下有项目维护、项目管理、更换项目、用户维护、更换用户、基础信息维护、生成审计前端文件、系统配置等二级子菜单,而项目维护下有创建项目、修改项目、删除项目三级子菜单。

(二)底稿向导

底稿向导是审计工作底稿的树状目录菜单,包括底稿目录、初步业务活动工作底稿、风险评估工作底稿、控制测试工作底稿、实质性程序工作底稿、业务完成阶段工作底稿、永久性档案、审阅业务底稿、其他鉴证业务底稿等。通过底稿向导,可以打开进入各张审计工作底稿。展开"底稿向导"树状目录至最末级,如果底稿名称显示为黑色,表示该底稿有数据;显示为灰色,表示该底稿无数据;显示为蓝色,表示该底稿已经编辑并保存过;底稿名称后带"＊"标志的,表明与报表项目存在对应关系。

(三)功能区——流程导航

在功能区,按照审计工作的业务流程——准备阶段、计划阶段、实施阶段、完成阶段,设计了前端数据导入、总账及明细账、核算项目余额、查看非附件凭证、未审会计报表、趋势分析、科目余额图形分析、财务分析、重要性、计划实施的实质性程序、控制测试、实质性程序、相关搜索、期初及期末调整分录维护、凭证抽凭、试算平衡表、已审会计报表、打开附注等主要功能按钮。

审计人员还可以根据自己的习惯将常用的功能添加收藏到"功能选项"中,比如,备份项目、恢复项目,以方便在审计工作中快速调用有关功能。

状态栏显示当前项目名称、审计期间、用户等基本信息。

二、鼎信诺审计前端

鼎信诺审计前端是数据采集工具,用于采集被审计单位的电子数据(通常是会计账套),并将电子数据转换成鼎信诺审计软件可以读取的审计前端数据(＊.sjc)。鼎信诺审计前端能够采集的对象覆盖了当前市场上常见的财务软件,比如:金蝶、用友、速达、安易、浪潮、新中大、远光、远方、久其、博科、南北财务、润嘉、施易、万能财务、兴竹、永信、中财信、金财、金算盘、九鼎、企业之魂、四方、易飞 ERP 等。鼎信诺审计前端工作原理如图 2—2 所示。

图 2—2　鼎信诺审计前端工作原理

第二节　鼎信诺审计系统的安装和卸载

一、鼎信诺审计系统的运行环境

(1)最低硬件配置:奔腾 166,256M 以上内存,200M 空余硬盘空间,键盘,鼠标。
(2)操作系统:Windows 系列。
(3)应用程序:需要安装 Word、Excel、SQL Server 或 MSDE,有时数据库类型必须是 SQL Server。

二、鼎信诺审计软件的安装与卸载

(一)鼎信诺审计软件的安装

鼎信诺审计软件提供了简便的自动安装向导,按照提示逐步完成安装。

> 提示:
> 在安装软件前,不要插上服务器(加密狗),并且要退出其他应用程序。

第一步,检查安装环境。

双击安装程序,系统弹出鼎信诺审计系统安装窗口,自动进行安装环境检查。安装系统前应退出其他应用程序,如果有其他程序未关闭,将提示未通过安装环境检查,那么需要根据提示退出相关的应用程序,然后再重新检查安装环境(如图 2—3 所示)。

图 2—3　安装环境检查

第二步,确认许可协议。

系统在检查安装环境通过后,就可以进入【下一步】,系统出现版权声明,需要确认许可协议(如图 2—4 所示)。

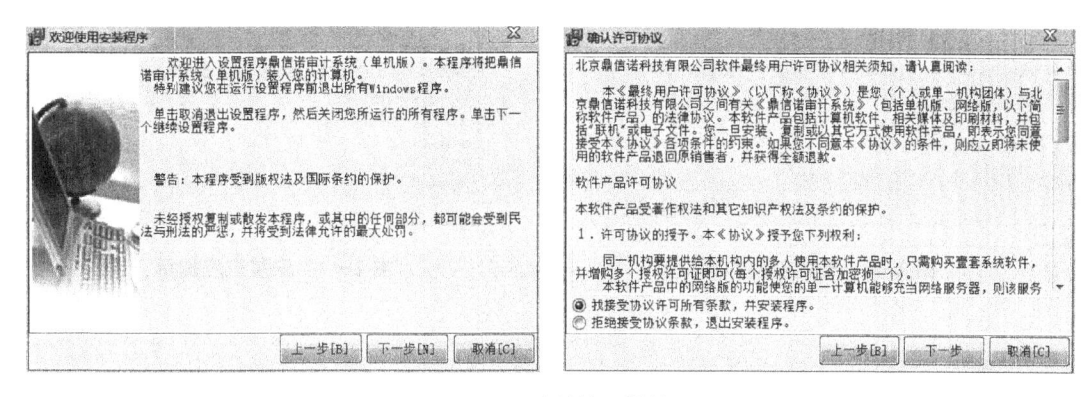

图 2—4　确认许可协议

第三步,选择安装路径。

确认许可协议后,进入【下一步】,设置安装路径(如图 2—5 所示)。

图 2—5　安装路径设置

鼎信诺审计软件的单机版默认安装目录为 C:\Program Files\Dinkum\sj5.0\Person。审计人员可以根据审计工作的需要对安装目录进行修改。

> 提示:
> 系统安装目录不能直接选择为盘符,例如"C:\"或"D:\",否则程序可能无法正常运行。

第四步,开始安装。

安装路径选好后,进入【下一步】,点击【开始安装】按钮,即可完成软件的安装(如图 2—6、图 2—7 所示)。

图 2－6　开始安装对话框　　　　　　　图 2－7　安装进度提示

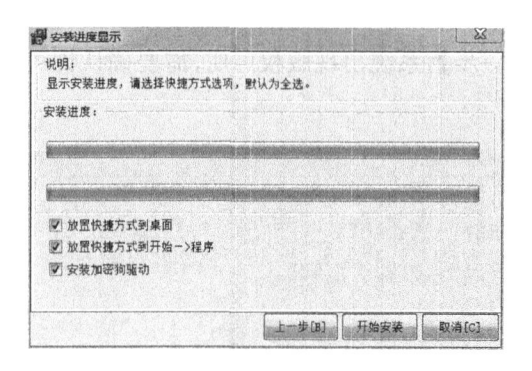

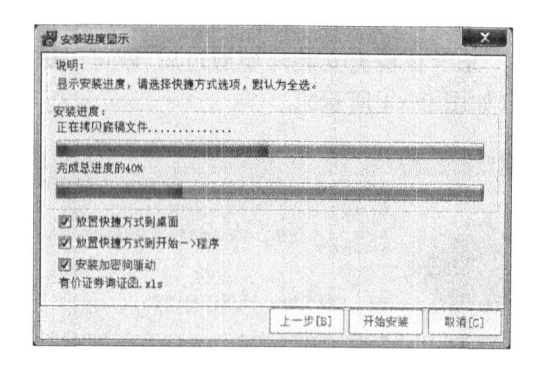

> **提示：**
> 服务器（软件加密狗）的驱动程序通常在审计软件安装时一并安装，如果一并安装后不能运行，则需要单独安装加密狗的驱动程序。

（二）鼎信诺审计软件的卸载

单击"开始"，在"程序"中找到"鼎信诺审计系统"程序，单击"卸载鼎信诺审计系统"，系统提示是否要完全删除应用程序及其所有组件，单击【是】后即开始卸载相应软件（如图 2－8 所示）。

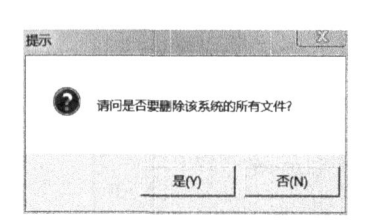

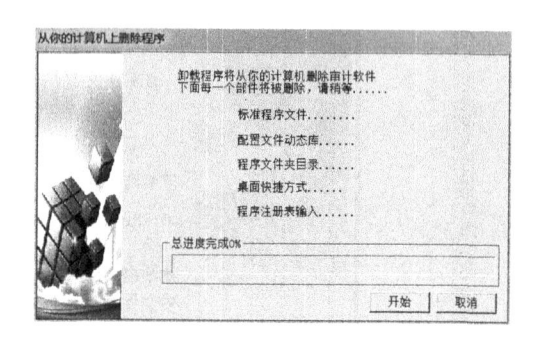

图 2－8　鼎信诺审计系统卸载示意图

有时系统在删除中会提示"是否删除共享文件"，如果没有安装鼎信诺的其他产品，选择【是】或者【所有均是】，如果还装有鼎信诺的其他产品，选择【否】或者【所有均否】。

> **提示：**
> 卸载审计系统并不会删除审计人员已建立的审计项目。

三、鼎信诺审计前端的安装与卸载

（一）鼎信诺审计前端的安装

鼎信诺审计前端是经过 Winrar 压缩成的一个压缩包，不需要安装操作，只要将前端文件拷贝到电脑磁盘的任何位置或者 U 盘，直接解压缩，然后运行 DATAGET.EXE（如图 2－9 所示），即进入取数界面。

图 2—9　鼎信诺审计前端图标

(二)鼎信诺审计前端的卸载

鼎信诺审计前端免安装,因此,所谓的卸载,只要删除整个文件目录即可。

第三节　数据采集

数据采集是审计人员为了完成审计任务,采用一定的工具和方法从被审计单位信息系统中的数据库或其他来源获取相关电子数据的过程。

鼎信诺审计系统运用"审计前端"这一数据采集工具,将被审计单位财务软件生成的数据取出,转换生成鼎信诺审计系统专用的数据库文件(＊.sjc),以便导入鼎信诺审计软件中进行审计分析测试,获取审计证据。

一、数据采集的框架

鼎信诺审计前端数据采集的框架如图 2—10 所示。

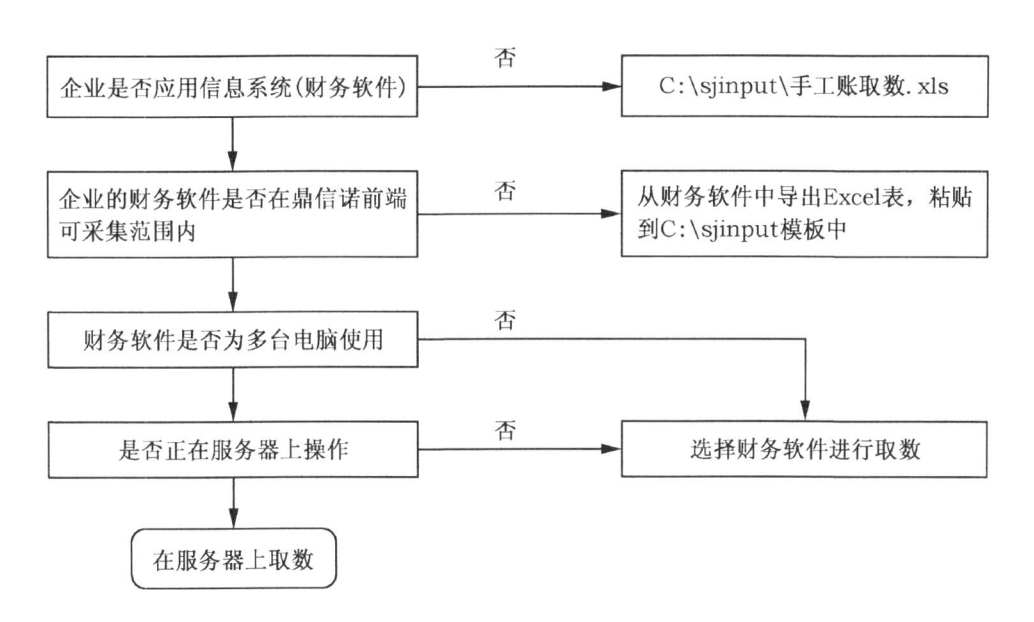

图 2—10　鼎信诺系统数据采集的框架

二、数据采集的流程

鼎信诺审计前端运行的一般流程如图 2—11 所示。

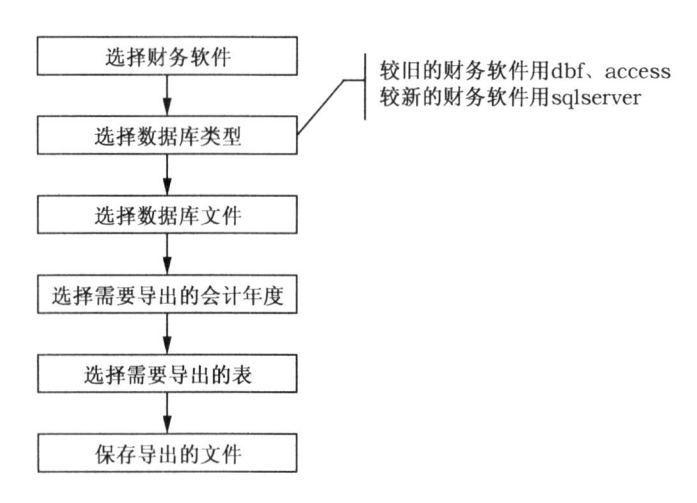

```
选择财务软件
    ↓           较旧的财务软件用dbf、access
选择数据库类型   较新的财务软件用sqlserver
    ↓
选择数据库文件
    ↓
选择需要导出的会计年度
    ↓
选择需要导出的表
    ↓
保存导出的文件
```

图 2—11　鼎信诺审计前端运行示意图

【例 2—1】　运用鼎信诺审计前端，针对 SQL Server 数据库进行数据采集。

第一步：选择财务软件。

首先双击 运行鼎信诺审计前端"DATAGET.EXE"，进入选择财务软件界面，选择要采集的财务软件（如图 2—12 所示）。

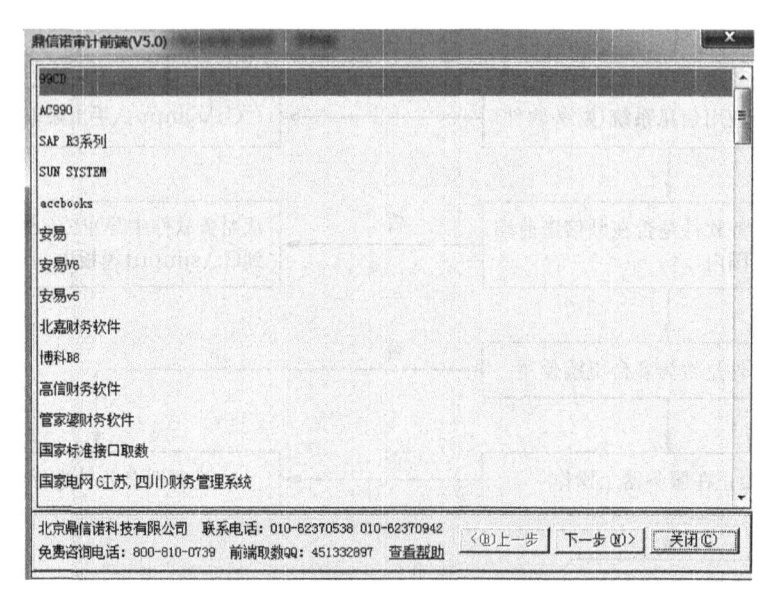

图 2—12　数据采集——选择财务软件

第二步：选择数据库类型。

点击【下一步】，进入选择数据库类型的界面，选择数据库类型（如图 2—13 所示）。

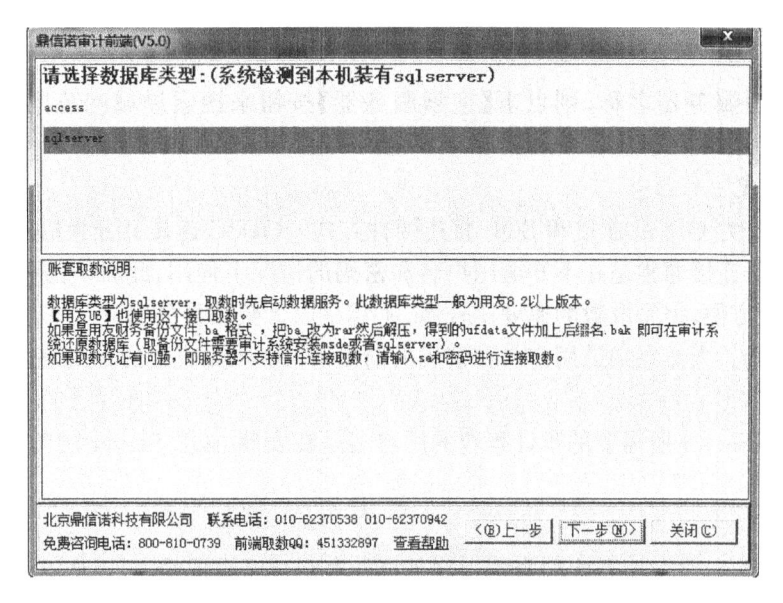

图 2—13 数据采集——选择数据库类型

审计前端自动检测本地计算机上是否装有 sqlserver 数据库。如果计算机只装有 sqlserver 类型数据库的财务软件,系统自动检测并选中 sqlserver 运行,同时给出提示"已检测到本机装有 sqlserver",不必再人工判断数据库类型。

第三步:设置连接参数。

点击【下一步】,进入设置连接参数界面(如图 2—14 所示)。

图 2—14 数据采集——设置连接参数

这个操作界面需要设定的参数较多,主要包括:
1. 服务器名称
如果在服务器上取数,服务器名称用系统默认的 127.0.0.1 或 local;如果在客户端取数,在网络畅通的情况下,服务器名称则需要输入服务器上的 SQL Server 服务器名称或者是服务器的 IP 地址。

如果不知道服务器名称,则点击【搜索服务器】按钮来搜索局域网范围内的所有 SQL Server 服务器。

2. 连接方式

连接方式分为 ODBC 连接和 SQL 直连两种方式。ODBC 连接又分为信任连接与非信任连接两种。信任连接通常是在不知道用户名和密码的情况下使用,此时不需要输入用户名和密码,连接比较方便,但是取数的速度比较慢,尤其是取大数据量的时候。非信任连接必须输入用户名和密码。当然在知道用户名和密码的前提下,用 SQL 直连的方式速度更快些。

3. 用户名

登录 SQL Server 所需要的审计客户的用户名是在安装 SQL Server 的时候设置的,系统默认为 sa。

4. 密码

即登录 SQL Server 所需要的密码。这是审计客户自己设置的,可以从审计客户的财务软件管理员那里获取。

5. 数据库名称

上面的连接信息都设置好以后,点击【连接】来获取客户服务器上所有的数据库名称,然后选择其中一个进行取数。

第四步:开始取数。

选择了其中一个数据库后,如果当前财务软件存在账套,那么系统列出所有的账套名称后,从中选择一个账套。如果存在账簿,系统根据当前选择的账套列出下面所有的账簿,选择一个账簿后,系统就会列出下面所有的会计年度,从中选择一个年度并点击【完成】后开始取数。如果当前财务软件不分账套和账簿的信息,那么系统直接列出所有的会计年,直接选中一个年度并点击【完成】后开始取数,如图 2-15 所示。

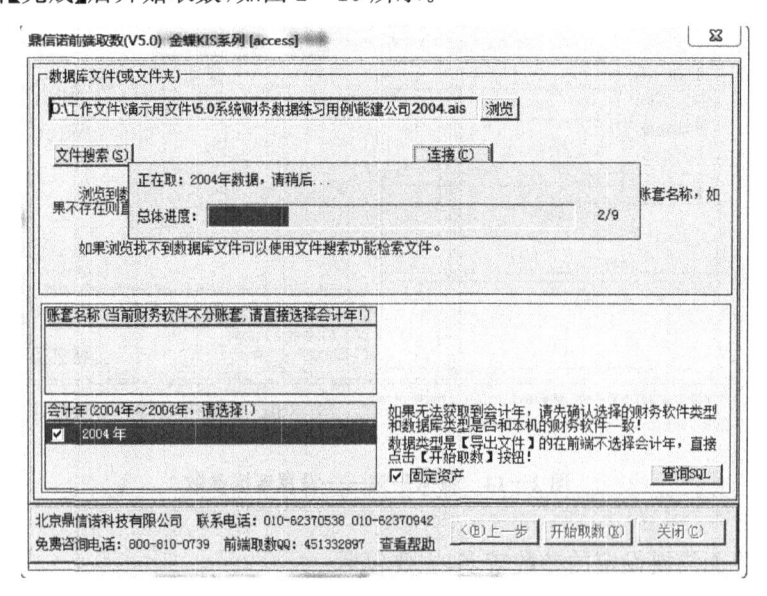

图 2-15 数据采集——开始取数

> **注意：**
> 如果选择的财务软件类型和选择的数据库名称不一致，系统就不列示具体的会计年。

第五步：保存文件。

数据导出完毕以后系统弹出保存文件的窗口（如图 2—16 所示）。

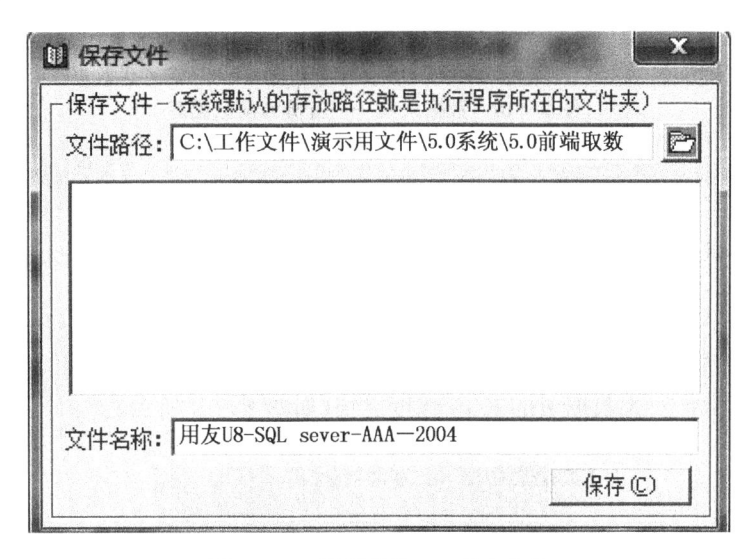

图 2—16　数据采集——保存文件

系统最终会保存一个 *.sjc 的文件。系统对该文件自动命名的格式为"财务软件类型＋数据库类型＋数据库名称＋账套名称＋账簿名称＋会计年"。审计人员也可以自己修改文件名称，然后浏览并选择一个路径保存。

如果想采集多个年度的数据，一个年度的数据采集保存成一个文件后，再选择另外一个年度采集数据，再保存成另外一个文件。以此类推，采集了几个年度的数据，就保存几个 *.sjc 文件。

【例 2—2】　针对 SQL Server 数据库，运用鼎信诺审计前端的【高级功能】选项提供的另外两种特殊的取数方法进行数据采集。

在图 2—14 显示的窗口中，点击【高级功能】选项，弹出【备份当前数据库】和【大型数据库取数】窗口，如图 2—17 所示。

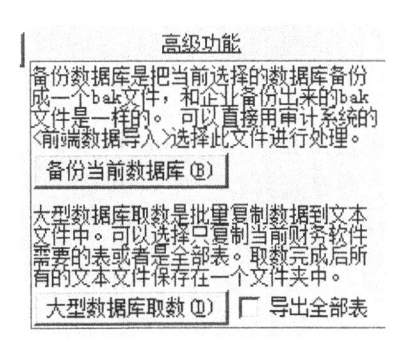

图 2—17　数据采集——高级功能

1. 备份当前数据库

这种方法模仿 SQL Server 数据库软件自动备份的方式,把当前选择的数据库备份成一个 *.bak 的文件(如图 2—18 所示)。

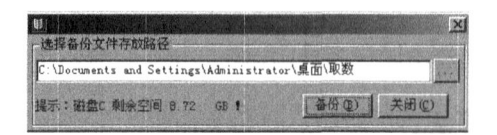

图 2—18　数据采集——备份当前数据库

> **注意:**
> 选择一个保存目录后,系统会提示当前盘符剩余的空间,如果空间太小,则更换一个盘符保存,防止文件保存不成功。

2. 大型数据库取数

这种方法通常针对大数据量的采集,速度更快(如图 2—19 所示)。

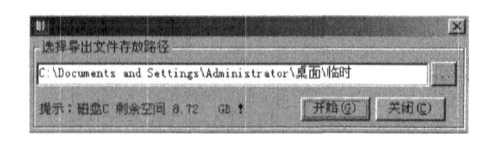

图 2—19　数据采集——大型数据库取数

通过这种方法导出的数据不是一个文件,而是一个文件夹,里面包含了很多的 txt 文本文件。取数完毕后只需将这个文件夹压缩,拷贝到 U 盘上即可。

通过【高级功能】提供的两种方法取出的数据,在输入鼎信诺审计软件系统并经处理后,可直接导入审计项目。此时,需要安装 SQL Server 数据库软件。

Oracle、Access 等其他类型数据库的数据采集流程与 SQL Server 的数据采集流程基本相似。

【实训】

资料:教师向学生提供鼎信诺审计软件安装程序。

要求:

1. 安装鼎信诺审计软件。

(1)在安装软件前,打开其他应用程序(如 Word 文档和 Excel 表),注意观察安装过程。

(2)设置安装路径(改变默认路径)。

2. 卸载鼎信诺审计软件。

第三章 系统管理

系统管理包括项目管理、用户管理与系统基本设置。

第一节 项目管理

在鼎信诺审计系统中,项目管理主要是通过"项目维护""项目管理""更换项目"三个子菜单实现。

一、创建项目

应用审计软件开展审计作业是以审计项目为基础的,所以首先要创建审计项目。

在鼎信诺审计软件系统中,创建项目就是增加审计项目。创建项目分为以下四种情况:

(1)初始创建项目,在"登录项目"窗口的左下方点击"创建项目"按钮。

(2)后续创建项目,可在"登录项目"窗口创建新项目;或者在登录当前项目后利用菜单"系统/项目维护/创建项目"来实现。

(3)在当前项目下创建新的审计年度,主要是在连续审计的情况下需要导入同一公司不同年度财务数据时使用。

(4)在当前项目下创建分公司或者子公司的子项目,主要是在集团审计时使用。

【例3—1】 初始新建项目的创建:诚信会计师事务所对长春平安纸业公司2010年财务报表进行年报审计,现在创建审计项目。

操作步骤如下:

第一步,启动服务器(软件加密狗)。

第二步,启动系统。

双击 Windows 桌面上的"鼎信诺审计系统"图标,或者点击"开始——程序——鼎信诺审计系统"进入系统,在连接服务器窗口输入用户名、端口号(默认2030)、服务器 IP 地址后,进入项目登录窗口,如图3—1所示。

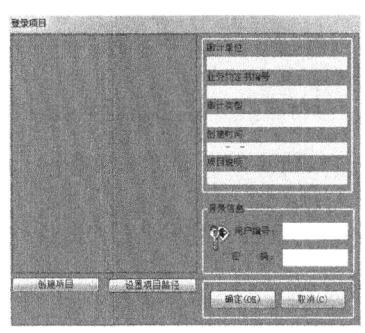

图3—1 项目登录窗口

第三步,设置项目路径。

在创建项目前,最好先在项目登录窗口设置项目路径。默认的项目路径是"C:\Program Files\dinkumsj"。系统允许更改项目存放的路径。如果要改变项目路径,点击【设置项目路径】按钮,弹出项目路径窗口,点击【浏览】按钮选择要存放项目的路径。

第四步,创建项目。

在项目登录窗口点击【创建项目】按钮,进入创建项目向导。

(1)输入项目名称"平安纸业",如图 3-2 所示。

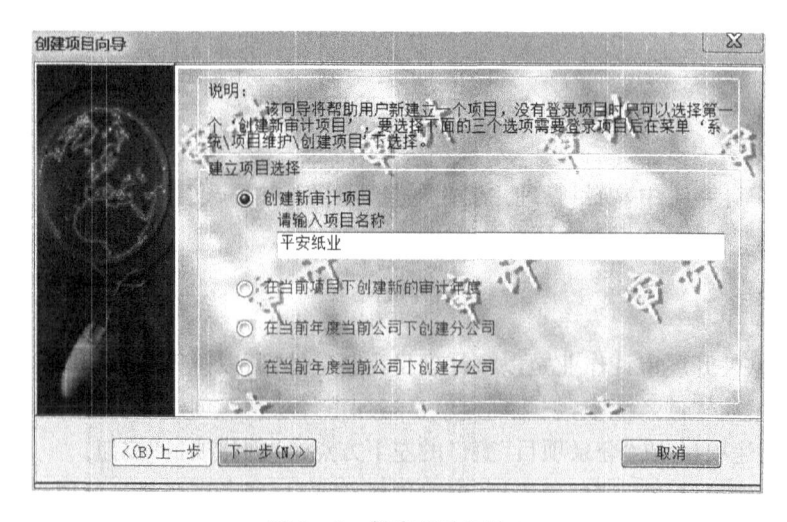

图 3-2 创建项目向导 1

(2)点击【下一步】,设置审计期间 2010 年 1 月至 12 月,选择创建公司情况为创建单一公司,如图 3-3 所示。

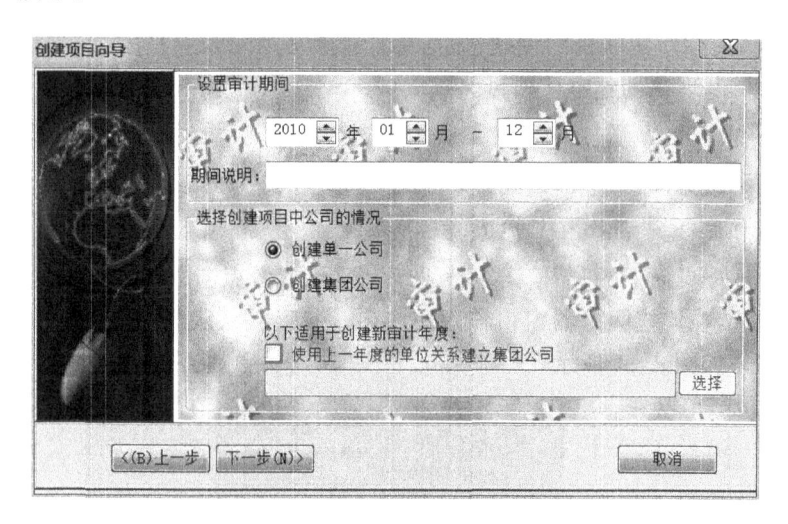

图 3-3 创建项目向导 2

(3)点击【下一步】,选择财务报告编制基础(即会计制度)为 2006 年企业会计准则,主附注种类为标准类,如图 3-4 所示。

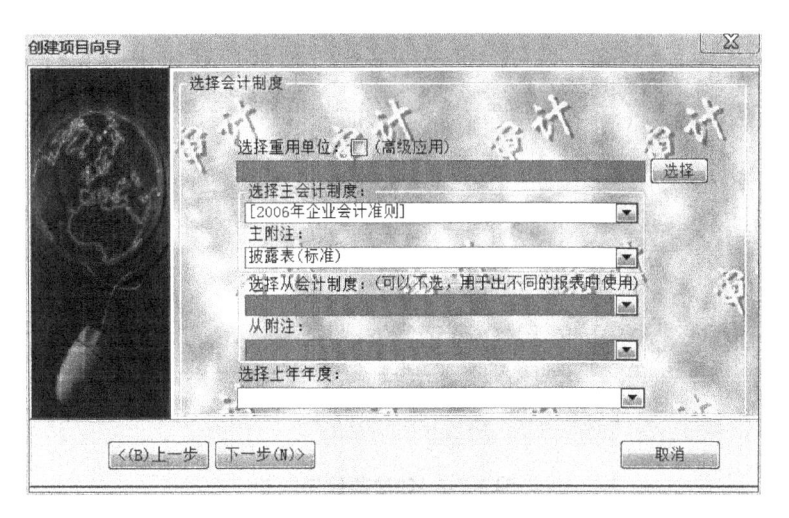

图3—4　创建项目向导3

> **注意：**
> 财务报告编制基础（会计制度）选定后不可以更改。

(4)点击【下一步】,输入被审计单位名称长春平安纸业公司,输入审计机构为诚信会计师事务所,输入其他信息,如图3—5所示。

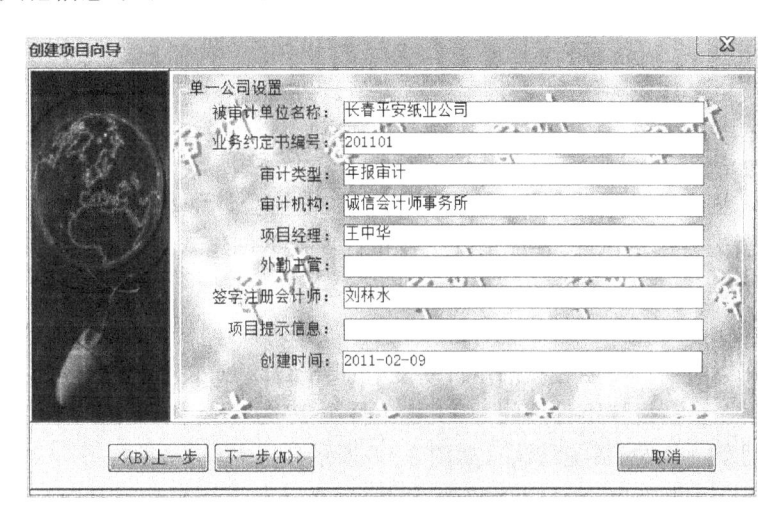

图3—5　创建项目向导4

(5)点击【下一步】,设置用户及其权限。在这个窗口系统默认的是"系统管理员"这一虚拟用户,默认其拥有系统的所有权限,在这个窗口可以为其设置登录密码(如图3—6所示)。在审计实务中,一般由项目负责人掌管"系统管理员"账户。

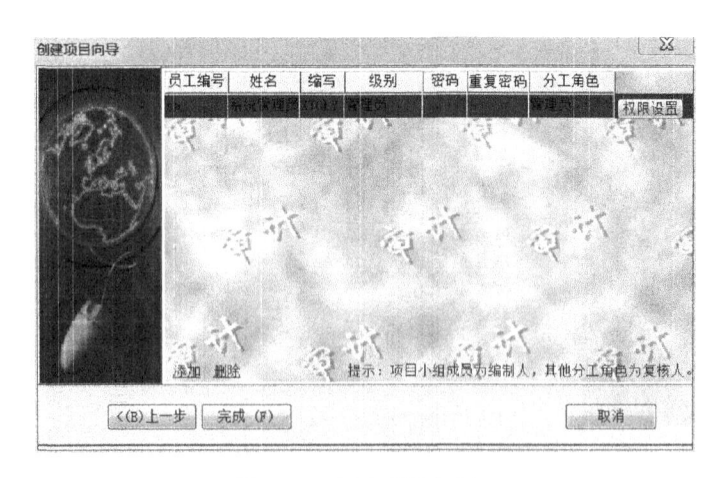

图 3—6　创建项目向导 5

> **提示：**
> 项目组成员最好在创建项目成功后通过"用户维护"功能来添加并分工，而不是在这个窗口添加。

最后，点击图 3—6 中的【完成】按钮，系统自动导入项目底稿数据等信息后，提示项目创建成功，点击【确定】按钮，进入登录项目窗口。

> **注意：**
> 如果在项目创建以后修改项目路径，则新创建的项目会存放到新的路径中，以前路径中的项目并不会丢失，可将其移至新路径中。

【例 3—2】　创建新的审计年度。接【例 3—1】，诚信会计师事务所对长春平安纸业公司 2011 年财务报表进行年报审计，在原平安纸业审计项目下创建新的审计年度 2011 年度。

操作步骤如下：

(1)在项目登录窗口点击【创建项目】按钮，进入创建项目向导。

(2)选择"在当前项目下创建新的审计年度"(如图 3—2 所示)。

(3)点击【下一步】，设置审计期间 2011 年 1 月至 12 月(系统默认为下一年度)，选择创建公司情况为创建单一公司(系统默认)，如图 3—3 所示。

(4)点击【下一步】，在"选择财务报告编制基础(会计制度)"窗口选择"已有单位"，并选择"上一年度"(2010 年 1 月—12 月)，如图 3—4 所示。

(5)点击【下一步】，在"选择财务报告编制基础(会计制度)"窗口选择"已有单位"，并选择上一年度(2010 年 1 月—12 月)。

(6)点击【下一步】，点击【完成】，即完成新的审计年度的创建。

> **提示：**
> (1)选择上一年度的作用。
> 如果创建项目时选择上一年度,在依次导入两年以上的数据后,系统会在本年项目中自动识别上一年度并读取上年数据。
> (2)会计制度选择时的"重用"与"已用"的区别。
> "选择重用单位",是选择已完成项目的会计制度下的报表格式和底稿格式为当前项目所用。例如,集团公司项目有特定格式的底稿,在创建另一个子公司项目时"选择重用单位",系统自动调用该特定格式的底稿作为当前项目底稿。
> "选择已有单位",是在创建新的审计年度时,从上一年度获得公司的信息。对于单一公司项目,系统自动设置;对于多个公司项目,需手工设置选择具体的公司。

二、登录项目与更换项目

(一)登录项目

项目创建成功后即可登录项目,如图3-7所示。在"登录项目"窗口的左侧依次逐层列示审计项目、审计年度、被审计单位(母子公司),当选中"被审计单位"时,右侧则显示当前项目的基本信息(项目名称、业务约定书编号、创建时间等)。登录项目需要合法的身份,即在项目登录窗口右下方"登录信息"中输入相应的用户编码和密码,点击【确定】按钮即可登录项目(默认用户是系统管理员sa,密码为空)。

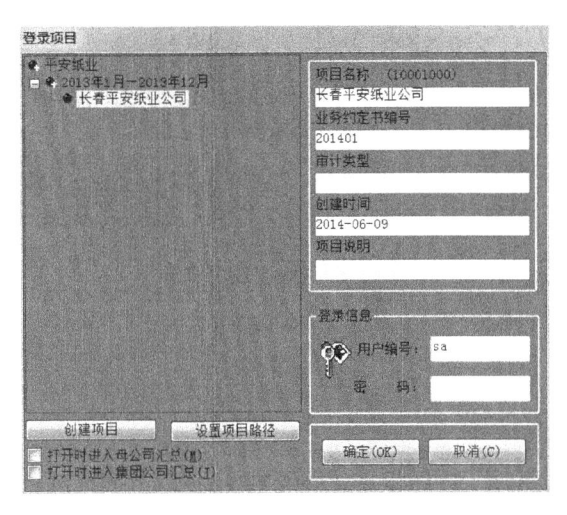

图3-7 登录项目

(二)更换项目

更换项目是在多个不同的审计项目间进行切换。更换项目窗口与登录项目窗口相同,更换时,必须拥有新项目的合法用户身份,通过用户编号和密码登录新项目。

三、修改项目

在登录项目后,若要修改项目信息,需要通过"系统/项目维护/修改项目"菜单功能来实现,如图3-8所示。

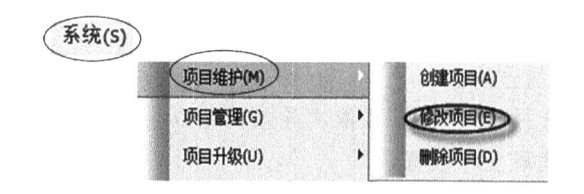

图3—8 修改项目菜单

修改项目主要是修改当前已打开的项目信息[比如,被审计单位名称、业务约定书编号、审计类型、审计机构、项目经理、签字注册会计师、项目提示信息和创建项目时间、被审计单位适用的财务报告基础(会计制度)及附注披露格式等],修改会计期间(比如,会计年度、期初期末时间、账期、上一年度等),如图3—9所示。

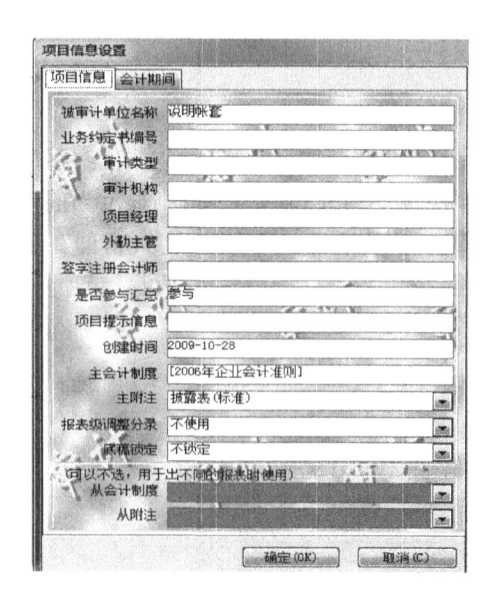

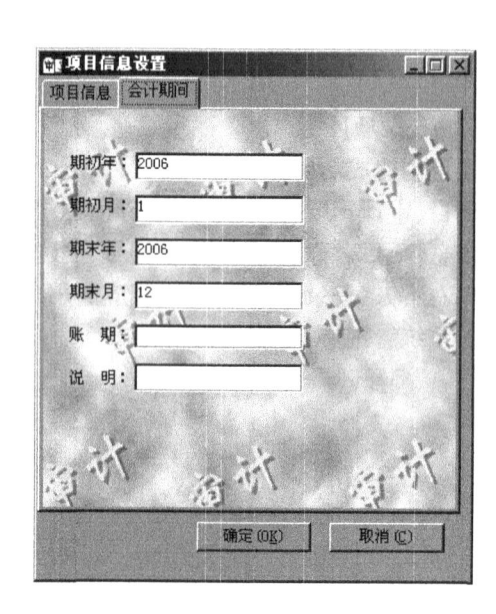

图3—9 修改项目信息

四、删除项目

删除项目有两种方式:

第一种方式是在登录项目后通过"系统/项目维护/删除项目"菜单功能来实现,如图3—10所示。

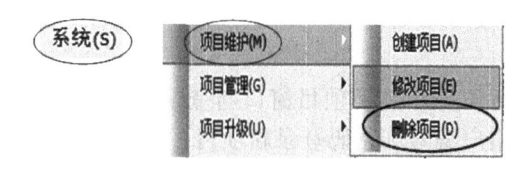

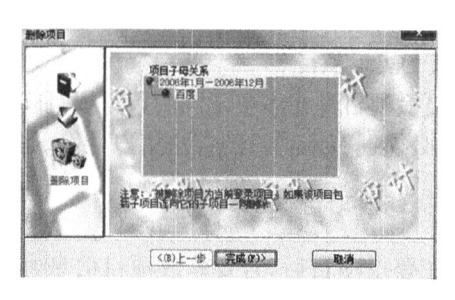

图3—10 删除项目

"删除项目"是删除当前已打开的项目,项目子母关系显示了当前项目及其子分项目的信息。如果当前打开项目下还包含子分项目,则子分项目将一起被删除。如果当前打开的只是子分项目,则只删除子分项目。

如果是包含多个年度的项目,只删除打开年度的项目。

第二种方式是打开项目存储路径,找到打算删除的项目文件夹,删除项目文件夹即可。

项目被删除后不能恢复,所以删除项目要慎重。

> **注意:**
> 具有项目维护权限的用户才可以创建项目、修改项目、删除项目。

五、导出项目与导入项目

"导入项目、导出项目"这两个功能主要用于数据交换。

(一)导出项目

导出项目是指将当前项目下的审计数据输出生成一个文件(后缀名 *.sjg),可存放在指定目录中并可重新命名(如图3-11所示)。

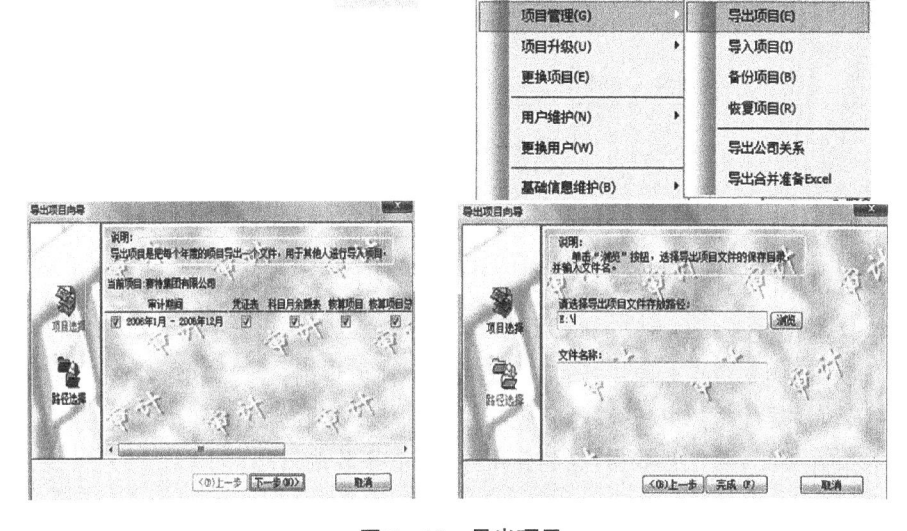

图3-11 导出项目

在审计实务中,通常由项目经理在创建项目并导入数据后,进行一些前期的操作,然后用"导出项目"功能,将该项目数据导出并分发给项目组成员。

(二)导入项目

导入项目是将导出项目产生的文件(后缀名 *.sjg)导入当前项目中。

> **注意:**
> 在"导入项目"时,如果当前项目有数据,系统会自动覆盖当前项目的数据。

六、备份项目与恢复项目

(一)备份项目

为了避免数据发生意外的丢失或损坏,需要对项目进行备份,将当前打开的项目内所有的信息,包括数据表中的数据、用户信息、权限等备份到指定的目录中,形成一个项目文件夹(如图3—12所示)。

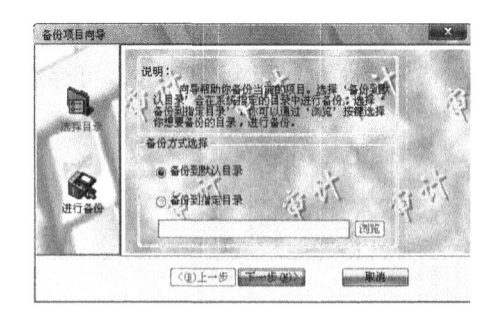

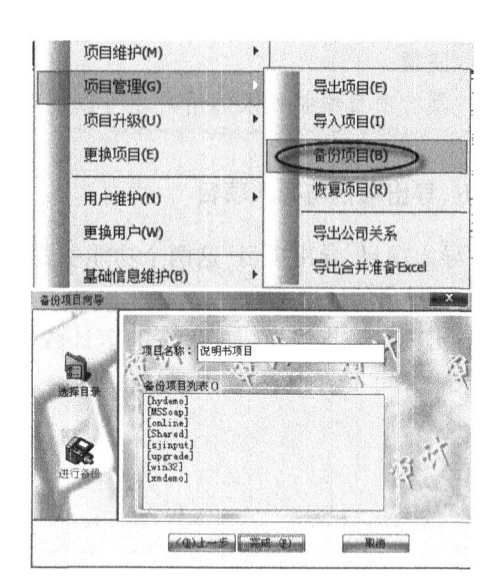

图3—12 备份项目

(二)恢复项目

恢复项目是将备份的项目恢复到当前项目设置的路径中。

> **注意:**
> 备份项目/恢复项目与导出项目/导入项目之间的区别:导出项目/导入项目不是项目的全部信息,只是数据表中的数据,不包含用户信息、权限等其他信息;备份项目/恢复项目是项目全部信息,既包括数据,也包括用户、权限等其他信息。

第二节 用户管理

在鼎信诺审计系统中,用户管理通过"用户维护"与"更换用户"两个子菜单实现。

一、用户维护

"用户维护"有两个子菜单:全部成员与项目组成员。打开每一个窗口,都有添加、修改、删除用户功能。

(一)添加用户

添加用户是指在当前表(全部成员或项目组成员)中,增加一个用户,并对其分配一定的权限。

(二)修改用户

修改用户是指修改当前项目中某一个用户的信息(包括"用户编号""姓名""密码")、用户权限。

(三)删除用户

删除用户是指删除当前项目中某一个登录的账号。删除用户不会删除该用户保存的数据。

> **注意：**
> (1)只有拥有"用户管理"权限的用户才可以进行"添加用户""修改用户""删除用户"操作。这个权限分配最初可由创建项目的"系统管理员"进行设置。
> (2)通常在"全部成员"库中添加用户，然后再加入"项目组成员"库。
> (3)"系统管理员"是一个特殊的虚拟用户，创建项目时系统默认其拥有全部权限，可以进行项目的全权维护与管理，在其他用户丢失账号与密码时，可以通过"系统管理员"重置。在项目组成员创建后进行底稿的分工时通常不赋予其任何分工。

(四)修改当前用户信息

当前登录用户可以修改自己的基本信息(姓名与密码)，比如，在项目组成员发生接替更换时，可能用到这个功能。

【例3—3】 为诚信会计师事务所的平安纸业审计项目添加登录用户，并进行相应的角色分工和授权。相关信息见表3—1。

表3—1　　　　　　　　　　平安纸业项目组成员一览表

用户编号	姓名	级别	分工角色	权限
01	宋音乐	合伙人	项目合伙人	默认
02	赵柑	项目经理	项目经理	默认
03	高航	高级审计师	项目小组成员	默认
04	李想通	审计师	项目小组成员	默认
05	江实惠	助理审计师	项目小组成员	默认

操作步骤如下：

(1)以系统管理员身份登录项目，点击"系统/用户维护/全部成员"打开全部成员维护窗口，录入相关信息后保存，如图3—13所示。

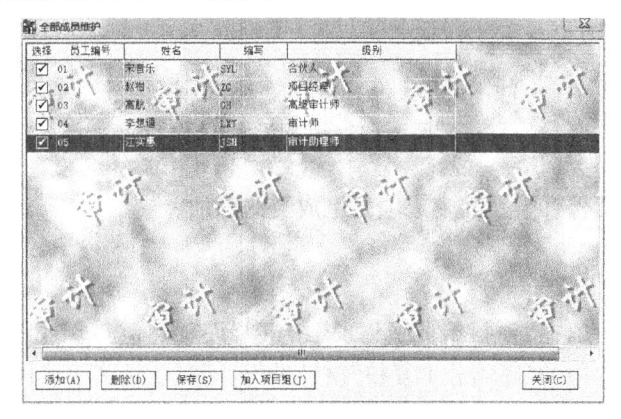

图3—13　全部成员维护

(2)在图3—13的窗口中将上述5条记录勾选上,然后点击【加入项目组】。

(3)点击"系统/用户维护/项目组成员"打开项目组成员维护窗口,为每一个项目组成员设置密码(可不设),再利用下拉列表选择分工角色,如图3—14所示。

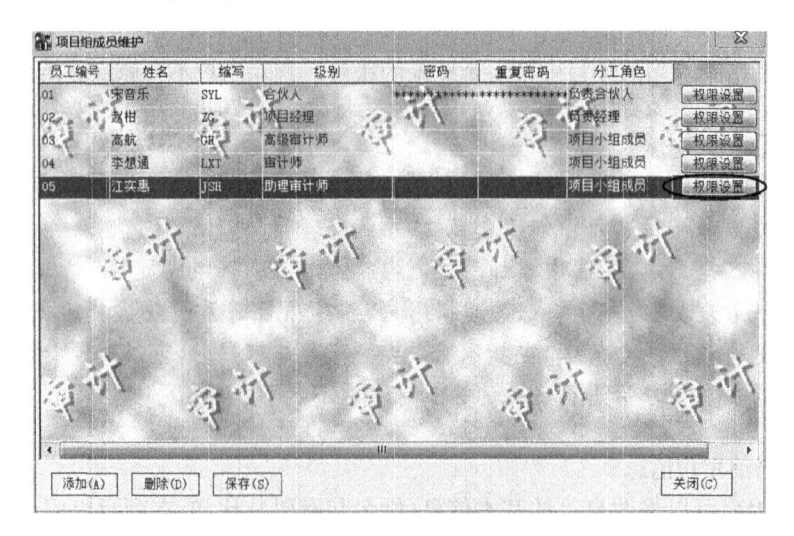

图3—14 项目组成员维护

(4)点击【权限设置】按钮,在弹出的权限设置窗口对相应的项目组成员进行权限设置。如图3—15所示,为负责经理进行权限设置。

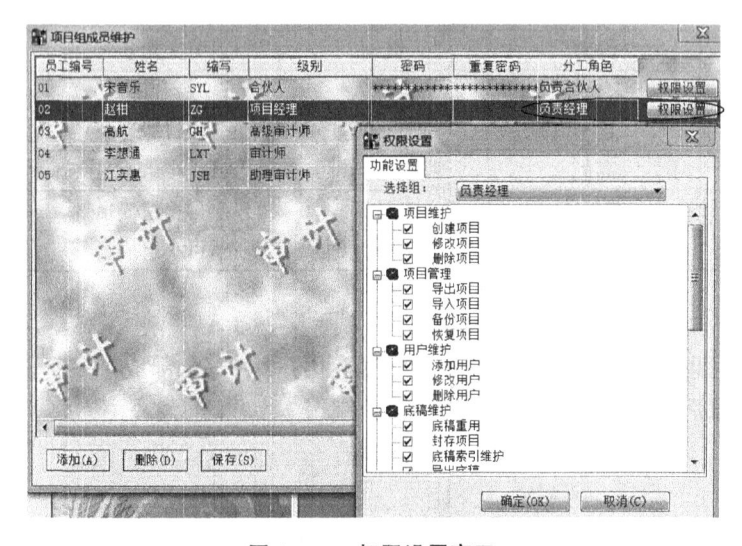

图3—15 权限设置窗口

(5)点击【确定】、【保存】按钮,完成项目组成员的添加。

二、底稿分工

对于用户权限,可以在"项目组成员"列表中进行设置。但对于底稿的分工,则需要通过"系统/待办事项"菜单中的"底稿分工复核"窗口进行,同时也是赋予项目组成员对底稿相应的编制、复核的操作权限(如图3—16、图3—17、图3—18所示)。

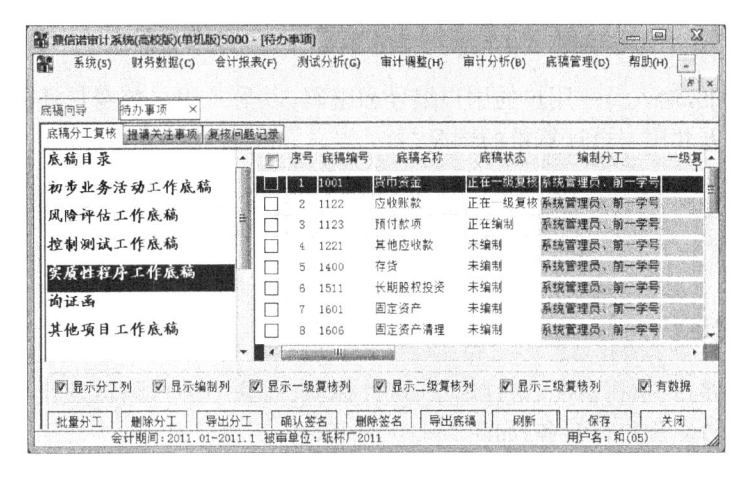

图 3—16 待办事项——底稿分工复核

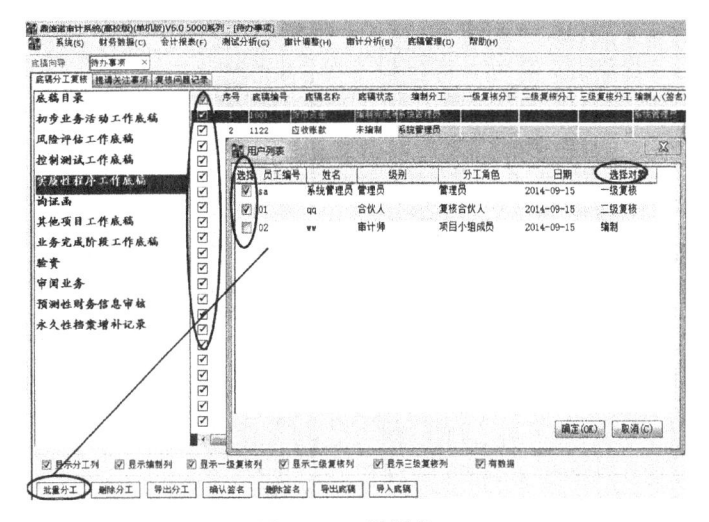

图 3—17 批量分工

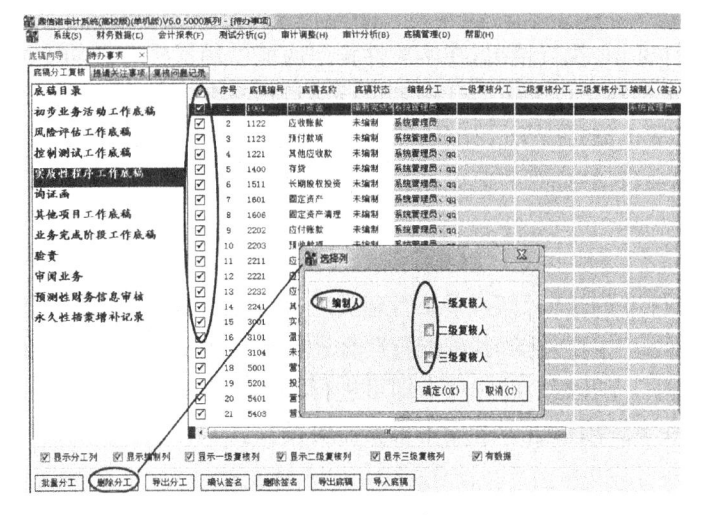

图 3—18 删除分工

三、更换用户

在当前项目下,输入另一用户的用户编号和密码,以另一用户的身份登录到当前项目中。该功能适用于多人共用一台计算机的情况。

第三节　系统基本设置

一、基础信息维护

根据审计需要,对执行情况、审计结论、审计标识、通假字进行编辑设置,以方便用户根据实际情况更快速地完成审计业务(如图3—19所示)。

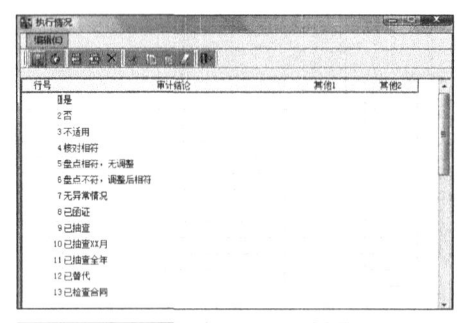

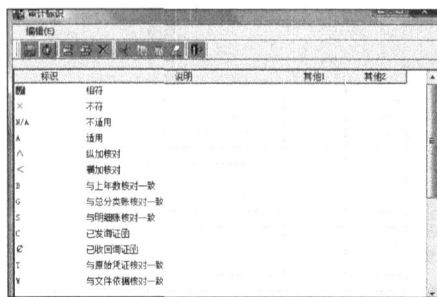

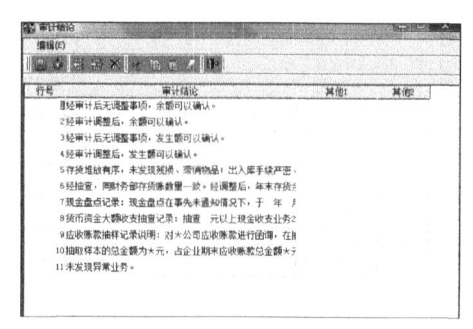

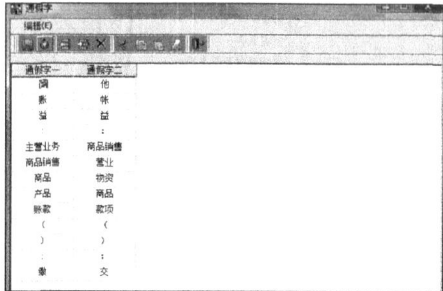

图3—19　基础信息维护

审计结论、审计标识、执行情况,在实质性程序底稿中用鼠标右键功能可以显示,以减少重复录入操作;通假字是在生成未审会计报表进行科目与报表项目自动对应时,允许科目名称与报表项目名称有差异也能对应上。例如,将"账"和"帐"设为通假,则科目名称为"应收账款"或为"应收帐款"的都会自动对应到"应收账款"报表项目中。

二、系统配置

在安装审计软件并创建项目后,系统管理员应进行"系统配置",为审计软件的运行进行个性化定制。"系统配置"主要包括"基础配置""会计报表和实质性底稿""备份选项""打印设置""附注格式设置"选项,点开相应的选项卡即可进行相应的设置,一般情况下可以保持系统默认设置不变,也可以在审计项目进行过程中根据需要设置。

(一)基础配置(如图 3-20 所示)

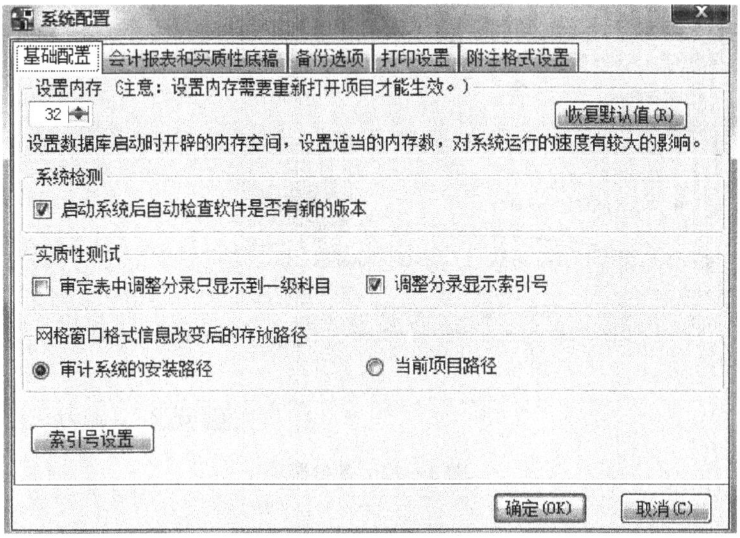

图 3-20 基础配置

(二)会计报表和实质性底稿设置(如图 3-21 所示)

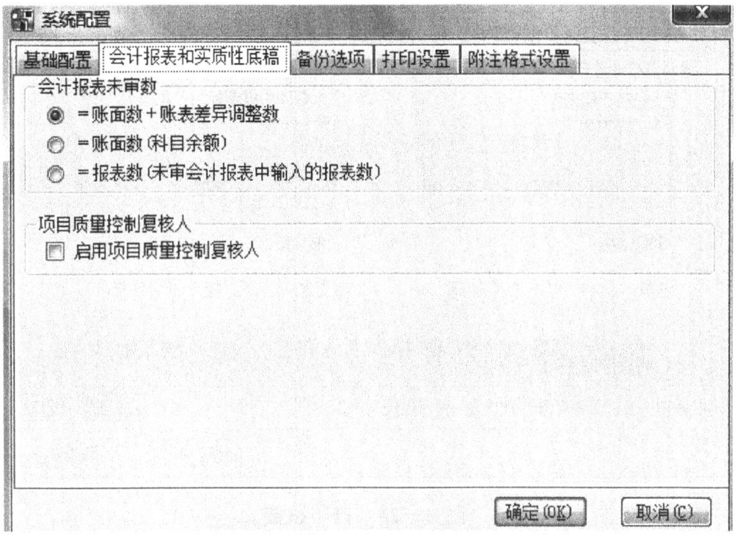

图 3-21 会计报表和实质性底稿设置

(三)备份选项(如图 3-22 所示)

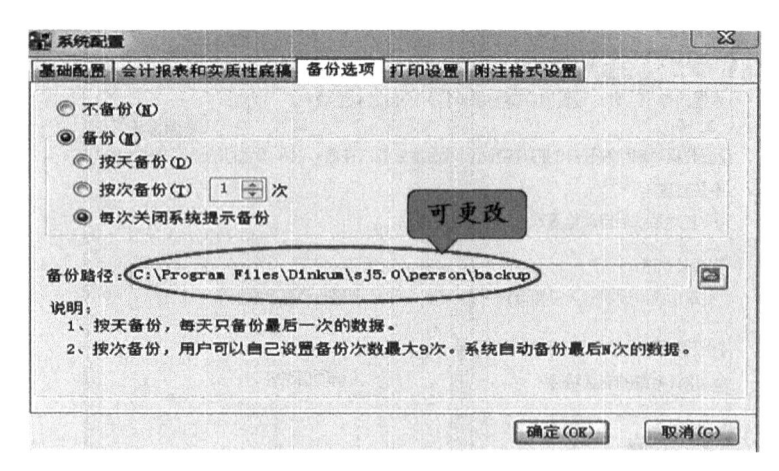

图 3-22　备份选项

(四)打印设置(如图 3-23 所示)

除了进行常规的页边距、页眉页脚设置外,还可以上传打印会计师事务所的徽标。

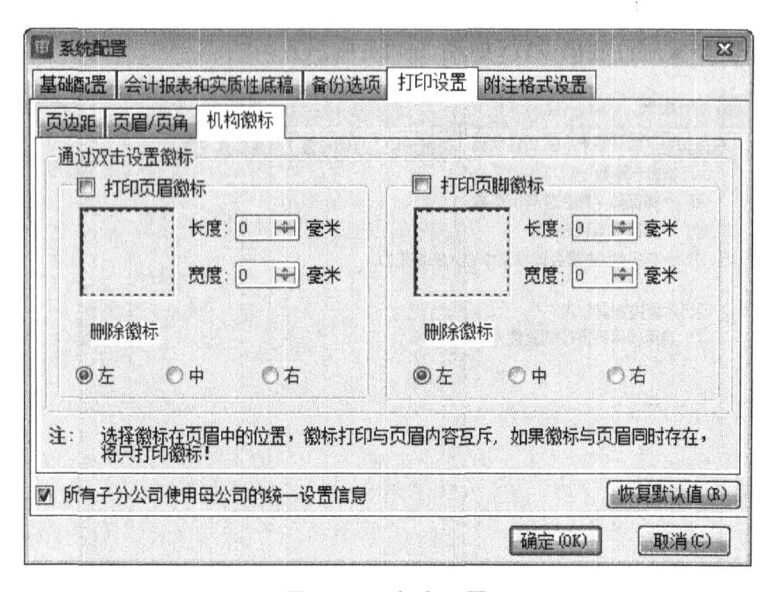

图 3-23　打印设置

(五)附注格式设置(如图 3-24 所示)

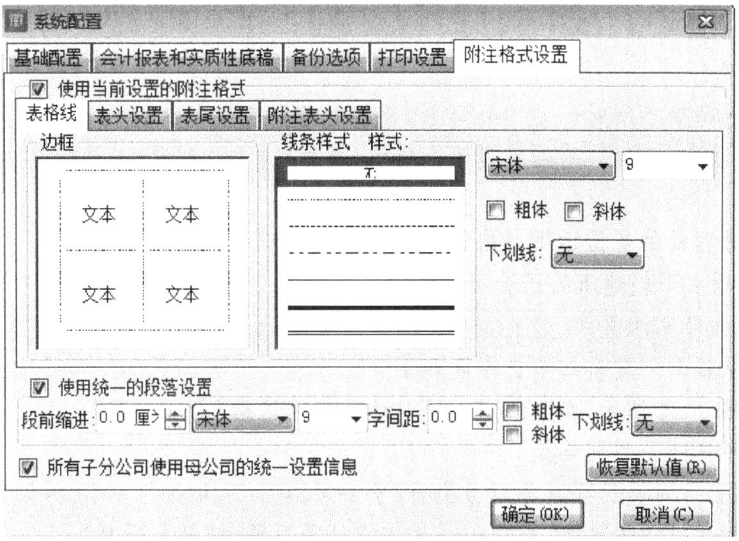

图 3-24　附注格式设置

鼎信诺审计软件"系统配置"参数见表 3-2。

表 3-2　　　　　　　　　鼎信诺审计软件"系统配置"参数一览表

序号	项目	参　　数
1	基础配置	设置内存:设置数据库启动时开辟的内存空间将影响系统运行速度,应尽可能设置大一些 审定表中调整分录只显示到一级科目:选中此单选框,审定表中调整分录只显示到一级科目,否则调整明细科目时会显示到明细科目 调整分录显示索引号:选中后审定表中调整分录显示所属底稿对应的索引号 索引号设置:使用索引号自动流水模式,选中后底稿索引号按此选择显示。索引号有间隔符、数字长度、从第 n 张表页开始显示流水索引号的三种模式
2	会计报表和实质性底稿	设置会计报表中未审数的生成方式 (1)如果选择"=账面数+账表差异调整数",那么,在未审报表中,"未审数"等于"账面数"加上"账表差异调整数" (2)如果选择"=账面数(科目余额)",那么,在未审报表中,"未审数"不通过"账表差异调整数"调整,而直接等于"账面数" (3)如果选择"=报表数(未审报表中报表数)",那么,在未审报表中,"未审数"等于审计人员手工录入的"报表数" 第一种方式对审计工作来说比较方便
3	备份选项	"不备份":系统不进行自动备份 "备份":系统进行自动备份。自动备份有两种方式:"按天备份",系统只自动备份审计人员在当天最后一次对项目的操作结果;"按次备份",系统自动备份审计人员对项目进行的最后 N 次操作 "备份路径":备份文件存放的地方。系统默认为 C:\Program Files\Dinkum\sj5\person 下
4	打印设置	可以进行页边距、页眉页脚标设置,可以上传打印机构徽标
5	附注格式设置	设置财务报表附注的格式

【实训一】

资料：

（　　）会计师事务所对（　　）公司 2018 年财务报表进行审计。该公司财务报告编制基础为 2006 年企业会计准则，附注种类为上市类。

要求：

1. 以系统管理员的身份运用鼎信诺审计软件创建审计项目。
2. 在当前项目下创建新的子公司（　　）。
3. 删除子公司审计项目。
4. 在当前项目下创建新的审计年度 2019 年。

（提示：如图 3-4 所示，在"会计制度"对话框中请选择"上一年度"）

5. 在两个年度的项目间切换。

注：请学生自行对会计师事务所与公司、子公司、审计项目进行命名，并设置会计师事务所的通信地址。为了方便表述，本书中统一将该审计项目称为"学生项目"。

【实训二】

资料：

【实训一】创建的"学生项目"项目需要 5 人完成。每 5 名学生成立一个审计项目小组，5 人的级别分别为合伙人、项目经理、高级审计师、审计师、助理审计师。

要求：

1. 以"系统管理员"的身份为创建的"学生项目"添加用户，并进行角色分工和权限设置。
2. 以"系统管理员"身份为项目组成员进行底稿分工。

【实训三】

资料：

【实训二】完成之后的"学生项目"。

要求：

1. 登录项目，查看基础信息维护与系统配置有关信息。
2. 在基础信息维护中添加审计结论"除上述调整外，未发现重大错报"。
3. 设计会计师事务所徽标，并在系统配置中进行徽标设置，使其出现在工作底稿页眉处。

（提示：【实训三】完成后进行项目备份，保存到自己的 U 盘，以备第四章的实训进行项目恢复时使用。）

第四章 财务数据

第一节 导入数据与数据初始化

财务数据主要是对取自被审计单位的财务数据进行维护和管理,属于审前状态。

一、前端数据导入

"前端数据导入"是导入鼎信诺审计前端取得的被审计单位的财务数据(后缀为 *.sjc 或 *.sjd 的文件),或者直接导入被审计单位从 SQL Server 数据库备份出来的 *.bak 或者 *.mdf 文件,或者是手工取数所形成的 *.xls 文件。

打开"前端数据导入"界面有两种方式:一是在菜单栏选择"财务数据"菜单下的"前端数据导入"命令,二是在功能区的"准备阶段"选择"前端数据导入"命令。

导入数据后,系统就自动生成总账、明细账。

> **注意:**
> 对于鼎信诺审计前端取出的 *.sjc 数据文件,在第一次导入项目时需要通过嵌入"前端数据导入"功能的"数据转换"窗口先完成数据转换,然后再导入项目中。

二、更新账套

"更新账套"是在当前的项目中已有预审数据,而导入终审数据。更新时是用终审数据覆盖预审数据,但是预审时已做过的工作底稿依然保留。更新账套只能使用 *.sjc 格式的数据文件更新。

> **注意:**
> "前端数据导入"与"更新账套"之间是有区别的,不要使用"前端数据导入"功能代替"更新账套"功能,否则,预审时所做的工作底稿会丢失。

三、数据初始化

导入数据后,在使用鼎信诺审计系统进行相关审计操作前,需要进行"数据初始化"。

选择"财务数据"菜单下的"数据初始化"命令,进入"数据初始化"窗口(如图 4-1 所示)。依次完成数据初始化的 10 个步骤(注:这 10 个步骤,除了第六步"设置现金流量项目"与第八步"设置科目与核算项目关系"外,其他项目都是必须操作的)。

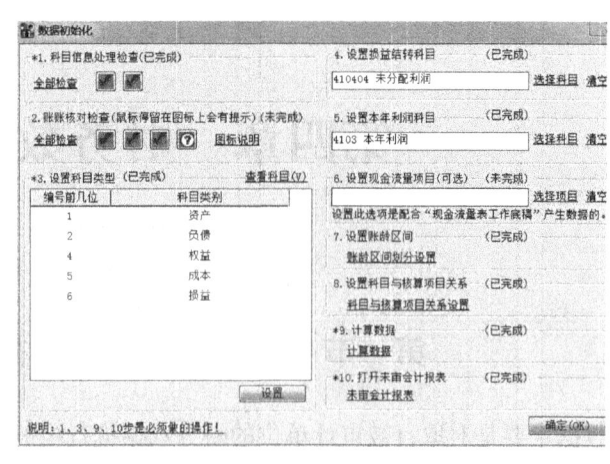

图 4—1 数据初始化

(一)科目信息处置检查

科目信息处置检查包括生成上级科目和科目完整性检查。"生成上级科目"功能是系统生成科目级次,同时自动汇总下级到上级。如果科目完整性检查报错,表示科目级次不正确,具体原因需要使用"测试分析/查账/科目信息校对"功能进行检查。

(二)账账核对检查

账账核对检查包括凭证借贷平衡检查、科目与核算项目核对、凭证有非末级科目检查、本年期初与上年期末核对。

详细信息都可通过"测试分析/查账"功能进行检查。

(三)设置科目类型

设置科目类型实际上是对科目类别名称标准化,通过科目类别处的下拉列表,选择标准的科目类别名称。一般可默认系统自动进行的科目设置,直接点击图4—1第三步下面的【设置】即可。

(四)设置损益类结转科目

这一步的目的是方便以后编制的涉及损益的调整分录的自动结转。

(五)设置本年利润科目

第一步与第三步操作完毕后,第四步和第五步会根据科目信息检查的结果,自动写入损益类结转科目和本年利润科目;同时,系统会自动标记"本年利润"的所有凭证。

思考一:为什么系统要对结转损益的凭证进行标记呢?

当被审计单位做了非红字冲账调整时,审计系统采集到的关于损益类科目发生额的数据出现错误。例如,"主营业务收入"科目贷方发生额300万元,有一笔销售退回100万元没有做贷方红字登记,而是用蓝字记入了借方,结转入本年利润金额为200万元,审计系统采集到的"主营业务收入"科目贷方发生额是300万元,而实际上其贷方发生额应为200万元。因此,审计系统应自动重新计算损益类科目的正确发生额。对于主营业务收入科目,系统将其全年贷方发生额凭证汇总数减去借方发生额凭证(不包括收入借方结转凭证)汇总数来确定"主营业务收入"科目的贷方正确的发生额。为此,就需要标记所有的借方结转凭证。对于主营业务成本科目,系统将其全年借方发生额凭证汇总数减去贷方发生额凭证(不包括成本贷方结转凭证)汇总数,从而计算出"主营业务成本"科目的借方正确的发生额。为此,就需要标记所有的贷方结转凭证。鼎信诺审计系统可以自动完成这项标记工作。

思考二:有时企业为了做账方便,将损益类科目发生额凭证和损益类科目结转凭证做成一张凭证进行核算。在这种情况下,系统自动标记了整张凭证,导致损益类科目发生额计算不准确怎么办?

此时,通常表现为利润表生成不正确,需要手动标记结转凭证;也可以使用"财务数据"菜单下的"凭证拆分"功能将这个凭证拆成两个正常凭证。

【例4—1】 审计人员发现系统生成的利润表"营业收入"数据与被审计单位编制的利润表"营业收入"数据不一致,于是首先想到运用"标记结转凭证"功能,检查是否存在将损益类科目发生额凭证和损益类科目结转凭证做成一张凭证的情况。如有,进行"标记结转凭证"操作。

操作步骤如下:

(1)点击"财务数据/标记结转凭证"(如图4—2所示),弹出标记结转凭证窗口(如图4—3所示)。

(2)在标记结转凭证窗口左上角点击【选择】,选择"主营业务收入"这一损益类科目,并在"业务说明"处输入"结转"字样,点击【搜索】(如图4—4所示)。

(3)系统自动搜索出所选"主营业务收入"科目结转类凭证。审计人员逐一查看搜索出来的凭证,发现某一凭证既包含该损益类科目发生额又包括该损益类科目结转额,审计人员于是将此凭证中关于结转的分录单独标记出来,然后单击【保存】按钮(如图4—5所示)。

(4)重新生成总账、明细账。

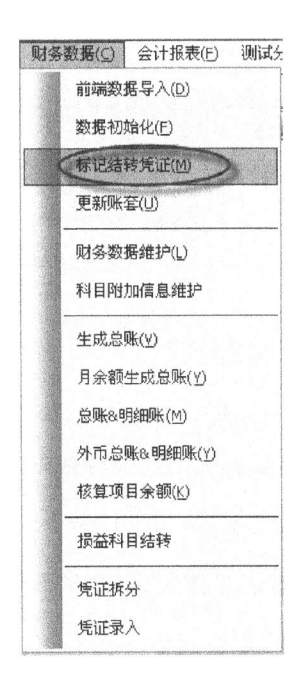

图4—2 标记结转凭证1

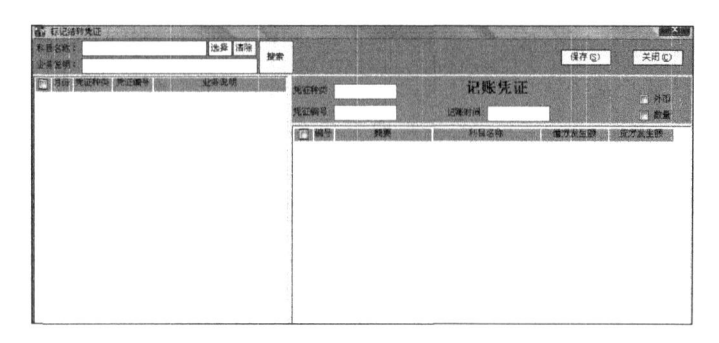

图4—3 标记结转凭证2

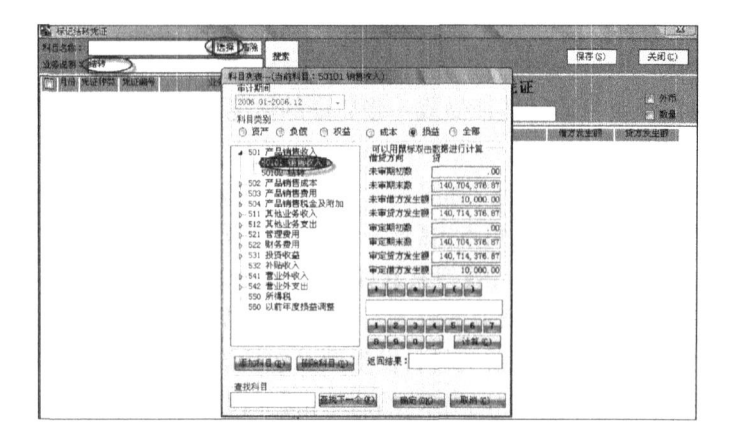

图4—4 标记结转凭证3

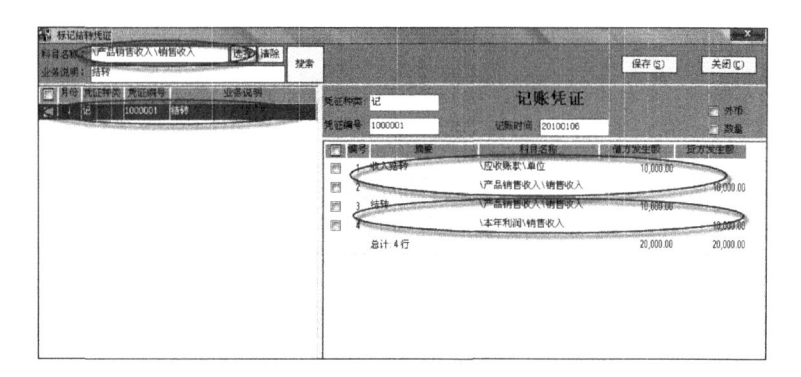

图4—5 标记结转凭证4

(六)设置现金流量项目

做此项设置是为了使"现金流量表工作底稿"产生数据(操作详见第五章第一节"会计报表")。

(七)设置账龄区间

此项是为了配合在应收款项底稿中的"生成账龄"功能,最好在项目创建初期即设置。在时间模式弹出的下拉菜单,审计人员可选择划分模式,进而快捷设置账龄区间(如图4—6所示)。

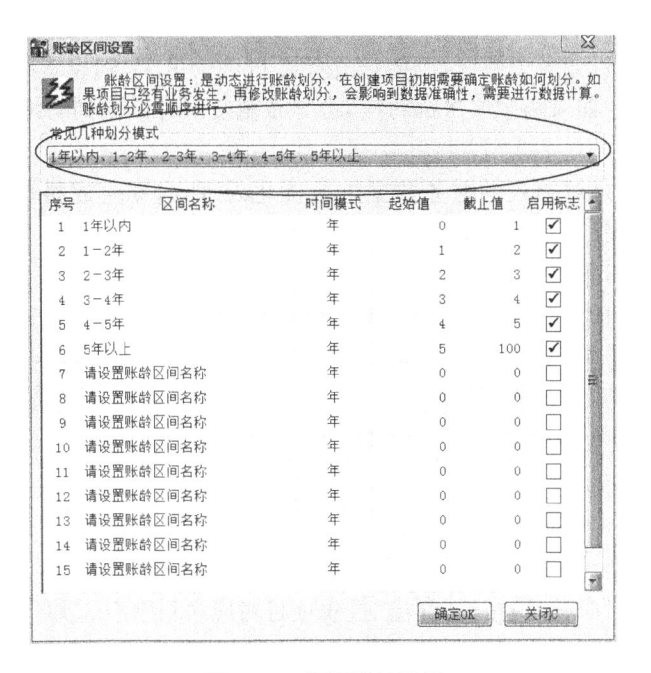

图 4—6　设置账龄区间

(八)设置科目与辅助核算项目关系(如图 4—7 所示)

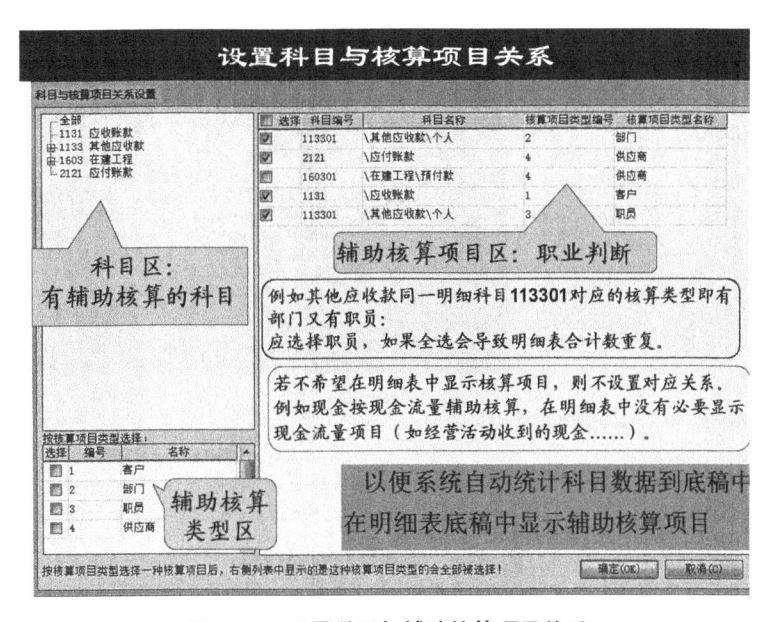

图 4—7　设置科目与辅助核算项目关系

设置科目与辅助核算项目关系,实现系统自动统计科目数据到底稿中,并在实质性程序底稿明细表中显示辅助核算项目。如果不设置二者关系,则明细表就只显示科目,而不显示辅助核算项目。

通常对于往来科目需要设置与辅助核算项目的关系,以显示辅助核算项目;对于其他科目比如货币资金按照现金流量辅助核算,无须在明细表中显示现金流量的辅助核算,则不设置其科目与辅助核算项目的关系。

如果辅助核算项目分多个层次,例如,先按部门,再按员工,则设置时只对应一个层次,通常按照员工进行对应,如果两个层次都对应,会导致重复统计数据到明细表中。

(九)计算数据

计算数据这一步是对导入的财务数据进行优化处理,自动生成科目余额表、科目月余额表、核算项目月余额表。

(十)打开未审会计报表

未审会计报表包括资产负债表、利润表、现金流量表和所有者权益变动表。

1. 设置科目和报表项目的对应关系

数据初始化时打开未审会计报表这一功能主要是"设置科目和报表项目的对应关系",以生成未审报表数据,并被审计工作底稿、试算平衡表和已审报表引用。

(1)方式

①自动对应

在打开的"未审会计报表"加载项中点击【报表项目对应科目】按钮,或者在"会计报表"菜单中点击【报表项目对应科目】按钮,弹出"报表项目对应科目"窗口,并开始自动建立科目与报表项目的对应关系(如图4-8所示)。

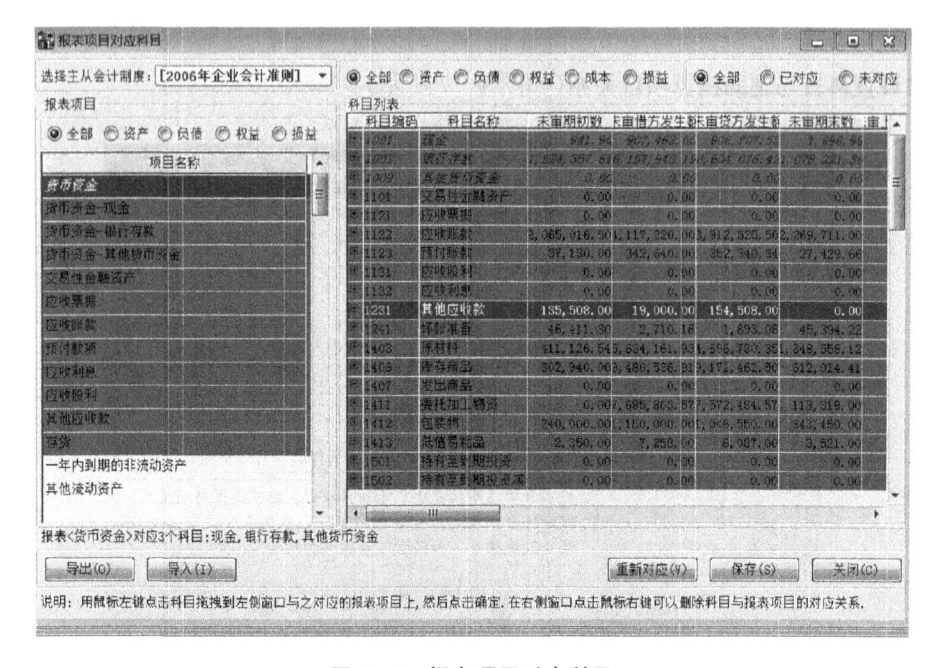

图4-8 报表项目对应科目

②手工对应

如果有未对应的科目,可以通过手工拖拽方式来设置科目与报表项目的对应关系,即选择科目并拖拽到报表项目上释放,完成二者的对应,相当于是按照企业会计准则的规定填列报表项目,比如,将"库存现金""银行存款"和"其他货币资金"这三个科目对应到"货币资金"报表项目中。

> **提示：**
> 在"科目列表"中审计人员可以用Ctrl键或者Shift键配合鼠标左键选中多个科目一并拖动对应到"会计报表"的报表项目中。

(2)内容

①一级科目对应

如果一级科目未对应，报表就不能生成数据。

②明细对应

将科目与报表明细项目作对应，例如，选择"库存现金""银行存款"和"其他货币资金"三个科目分别对应到"货币资金——库存现金""货币资金——银行存款"和"货币资金——其他货币资金"这三个报表明细项目。再如，在利润分配表中将明细科目"利润分配——提取法定盈余公积金"与"利润分配——提取法定盈余公积金"项目作对应。

> **思考：为什么要进行报表明细项目的对应呢？**
> 这是因为，如果不进行明细项目的对应，则在审计工作底稿中相应的明细表不会生成数据。

2.删除科目和报表项目的对应关系

如果科目与报表项目对应有错误，可以在"会计科目"的错误行上面点击鼠标右键，弹出"删除科目和报表项目的对应关系"的浮动菜单，将对应错误的对应关系删除，然后重新对应。这个浮动菜单同时也展示了当前科目已经与哪些报表项目建立对应关系。

> **注意：**
> (1)在"报表项目对应科目"窗口，科目背景是绿色的表示已经建立与报表项目的对应关系，科目背景为白色的表示还没有建立对应关系。
> (2)当鼠标点击"会计报表"中的某一个报表项目时，"科目列表"中与该报表项目有对应关系的科目变成蓝色的斜体字。
> (3)可以通过选择"报表项目对应科目"右上方"全部""已对应"和"未对应"三个过滤条件来浏览科目所处的状态。
> (4)可以通过选择不同页签来切换资产负债表和利润表。

3.试算平衡

当科目对应报表项目操作完成后，被审计单位的未审会计报表也就生成了。系统会校对资产负债表是否满足平衡关系。如果不平衡，资产负债表第四行会用红字报警，并给出差额。

> **提示：**
> "未审会计报表"形成后一定要"保存"，否则，审计工作底稿审定表和明细表可能无法生成数据。

第二节 财务数据的维护

一、查账(检查数据)

完成"数据初始化"之后,为了保证被审计单位的财务数据的准确性,要利用"测试分析"菜单下的"查账"系列功能进行审前数据校对,即对财务数据的一致性、连贯性和完整性进行校对检查,尤其是在被审计单位的未审会计报表经试算平衡后出现红字差额报警的情况下,使用这一功能检查出问题所在。

查账可以按月进行,也可以按年进行,具体包括以下七个方面的检查:

(一)科目余额上下级校对(科目月余额表上下级校对)

科目余额上下级校对就是校对同一科目各级之间的期初余额、期末余额、借方金额、贷方金额,高一级相应金额应等于其下一级相对应的金额总和。

(二)科目余额表平衡校对(科目月余额表平衡校对)

科目余额表平衡校对是指校对科目(月)余额表中期初、期末、借方发生额、贷方发生额是否平衡,不平衡的用红色显示。

(三)凭证借贷平衡校对

凭证借贷平衡校对是指校对凭证借方与贷方的发生额,借方发生额与贷方发生额不等的用红色显示。

(四)凭证校对科目余额表(凭证校对科目月余额表)

凭证校对科目余额表是指近年或按月校对科目余额表中借贷方发生额是否与凭证中借贷方发生额相同,不同的用红色显示。如果不等,那就说明企业的明细账不是完全由凭证生成的。

(五)本年期初数与上年期末数校对

本年期初数与上年期末数校对是指校对上年年末数与今年年初数是否一致。

(六)核算项目校对

核算项目校对是指校对有核算项目的科目的数据与核算项目的明细数据是否一致。

(七)科目信息校对

科目信息校对是指检查科目信息是否存在错误,例如,缺少上级科目、科目级次有误、科目末级标志有误、缺少中间级次的科目等。

二、财务数据维护

针对在"查账"中发现的被审计单位财务数据的错误,审计人员需要进行逻辑分析,确定错误原因,然后通过"财务数据/财务数据维护"进行纠正。

"财务数据维护"窗口有四个菜单:系统、编辑、窗口、帮助。

(一)系统

"系统"主菜单包括"选择表""数据表列显示设置""由期初余额和凭证生成科目余额表""生成上期发生额""导入数据后的财务数据处理""生成科目级次和是否为明细科目""由明细科目数生成上级科目""由末级科目期初数生成各级科目期初数"和"关闭"子菜单。

1. 选择表

在"选择表"窗口选择需要维护的表,例如,选择"科目余额表",点击【确定】按钮,打开"科目余额表"(如图4—9所示)。

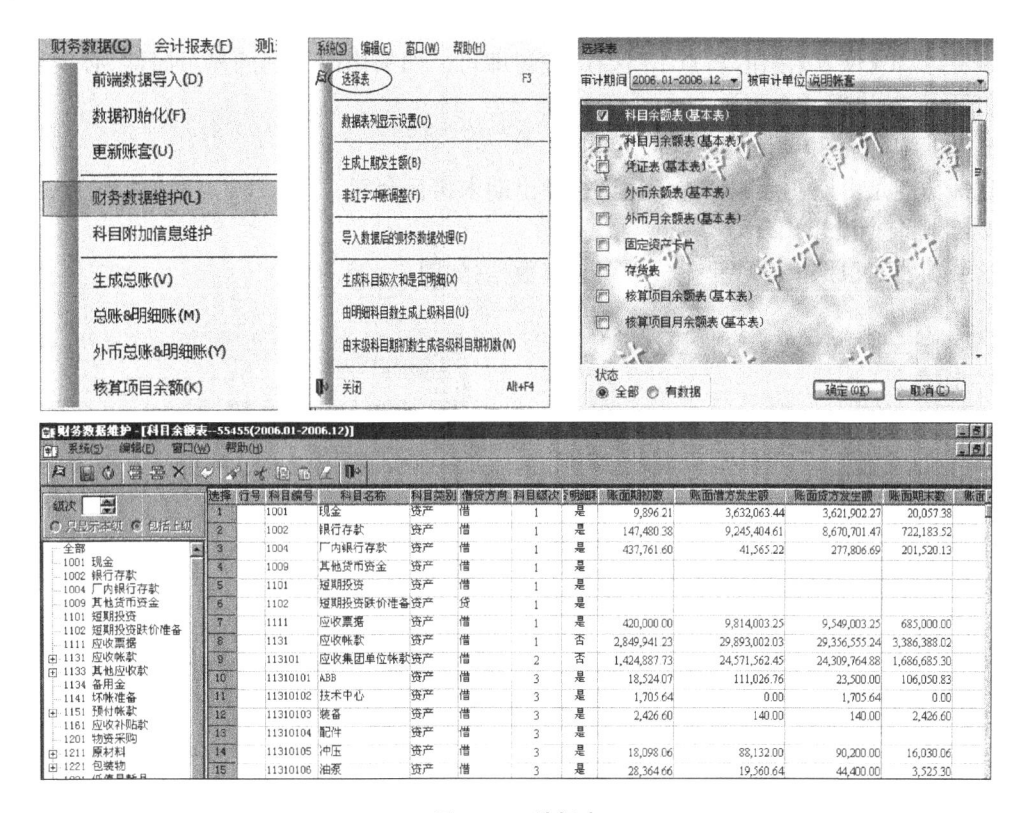

图4—9 选择表

2. 数据表列显示设置

这一功能是对当前打开的数据表设置需要显示列的数据格式(数字型或字符型),以及进行是否显示列的设置,如图4—10所示。

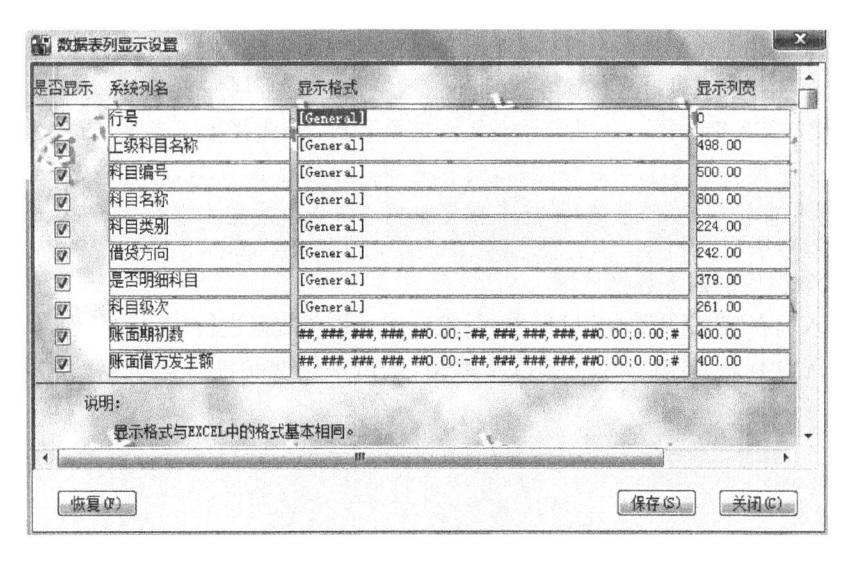

图4—10 数据表列显示设置

在这个窗口,审计人员可以做如下操作:对数据维护表中列的名字进行修改;在"是否显示"的框内打上"√"或去掉"√",点击【保存】按钮,即可实现在数据表中显示或隐藏某列;如果要调整列的位置,用鼠标直接拖动该列到想要的位置,然后松开鼠标即可;如果要得到系统默认的设置,点击【恢复】按钮,再点击【保存】按钮即可。如果修改了列的显示属性,必须将该表重新打开,重新设置才会生效。

3. 由期初余额和凭证生成科目余额表

这一功能是由期初余额和本年凭证推导出期末科目余额。

4. 生成上期发生额

这一功能是根据上年项目生成本期上年数据(如图 4-11 所示)。

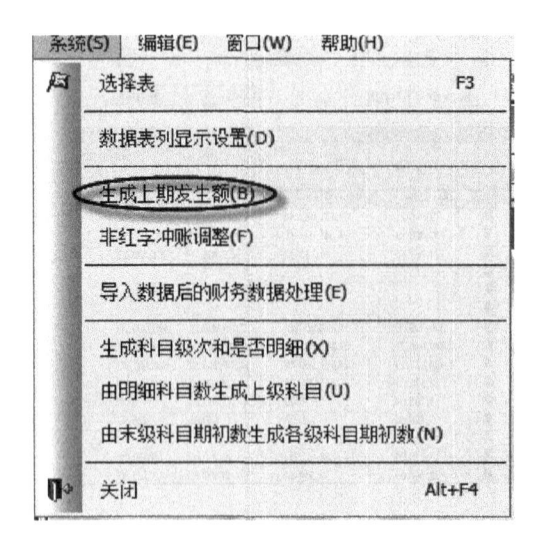

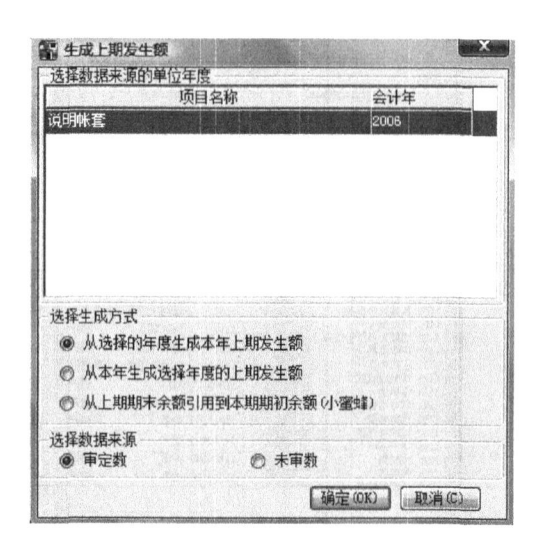

图 4-11 生成上期发生额

> **思考:什么情况下使用"生成上期发生额"这一功能呢?**
> 当审计人员在已有的项目中创建新审计年度项目时,系统会提示选择上年年度。如果审计人员正确选择了上年年度,审计系统会在本年项目中自动读取上年数据。当然,前提是审计人员导入项目时要按照年度顺序依次导入,例如,同一项目,先导入 20×1 年数据,再导入 20×2 年数据。如果审计人员创建项目时,未选择上年年度,审计系统不会自动识别上年年度并导入上年财务数据,或者先导入 20×2 年数据,再导入 20×1 年数据,此时,就需要审计人员用"系统/生成上期发生额"命令来生成上期数。

5. 导入数据后的财务数据处理

数据导入后在"数据初始化"过程中,系统自动对财务数据进行优化和整理,但是倘若由于一些特殊情况没有完成,或者手工修改了数据,则需要用此功能补做数据的优化处理,如图 4-12 所示。

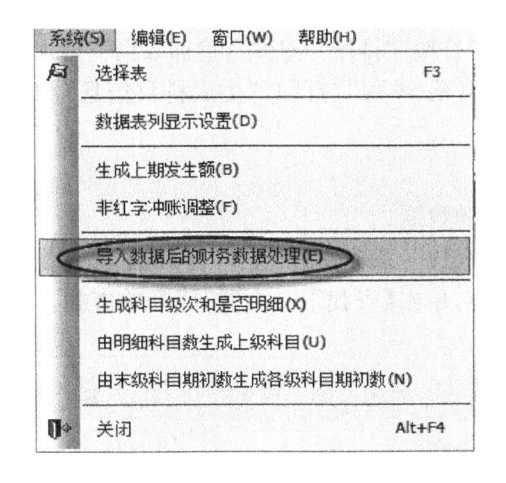

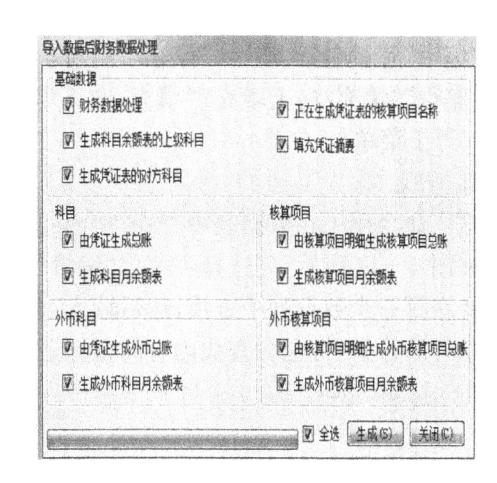

图 4-12 导入数据后的财务数据处理

6. 生成科目级次和确定是否为明细科目

利用这一功能,对财务数据的科目级次和长度以及是否为明细科目等信息,审计人员可以根据实际情况运用职业判断进行修改。

7. 由明细科目生成上级科目

如果账套中没有明细科目的上级科目(多见于手工账取数、SAP 财务软件),可以通过"由明细科目数生成上级科目"生成上级科目,并汇总上级科目金额(如图 4-13 所示)。

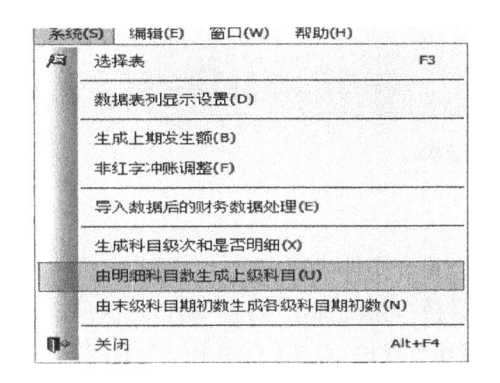

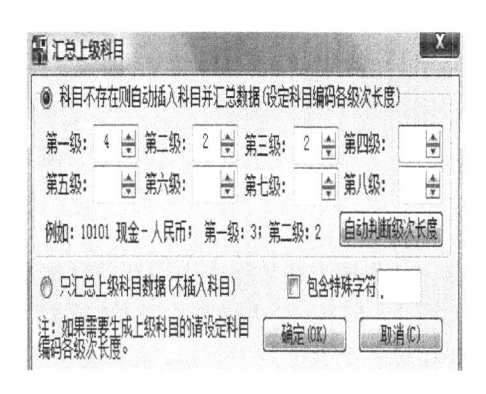

图 4-13 由明细科目生成上级科目

点击【由明细科目数生成上级科目】,系统弹出"汇总上级科目"窗口,"汇总上级科目"提供了两种方式可供选择,按科目编号长度判断和按分隔符判断。

8. 由末级科目期初余额生成各级科目期初数

当上级期初余额存在问题时,需要由末级科目汇总生成,在审计实务中此种情况较少发生。

> **注意:**
> 数据汇总过程中需要清除非末级科目的期初数,如果科目末级标志有误,则会发生数据丢失。因此需要备份后再执行此功能。

(二)编辑

"编辑"菜单包括"撤销""保存""刷新""查找""替换""排序""过滤""追加数据""插入数据""删除整行""填充/向上填充""填充/向下填充""填充/序列""打印""生成科目信息"和"导出Excel"等子菜单。

1. 查找

这一命令用于在数据表中查找符合某个条件的数据。

如图4—14所示,先选择主菜单"编辑"下的"查找",系统弹出"查找"窗口,选择查找范围,即需要在哪一个数据列中查找,然后输入查找内容,单击【查找下一个】按钮开始查找。【选中符合条件的行】可把包含查找内容的行标记出来。

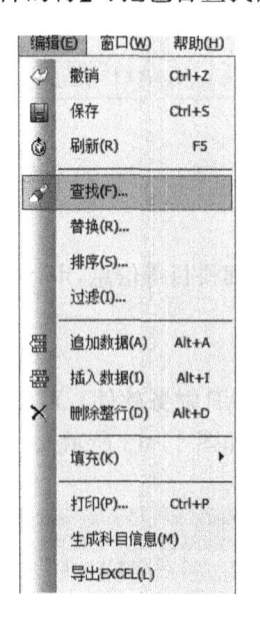

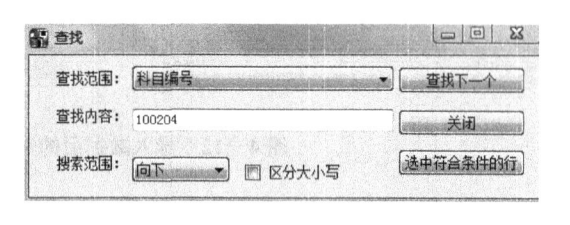

图4—14　查找

2. 替换

这一命令用于在数据表中用新的数据替换符合某个条件的数据。

如图4—15所示,先选择主菜单"数据"下的"替换",系统弹出"替换"窗口,选择查找范围,即需要在哪一个数据列中替换,输入被替换的内容和替换值,点击【查找下一个】按钮开始进行被替换值的查找,找到后可以点击【替换】按钮。如果想一次性替换全部的数据,单击【全部替换】按钮即可。

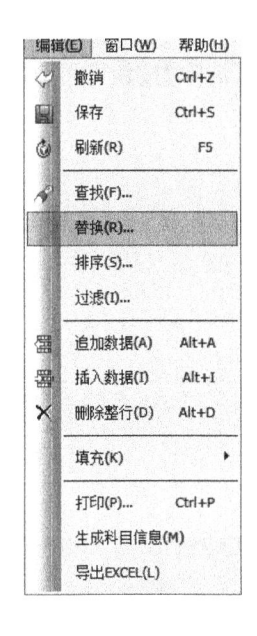

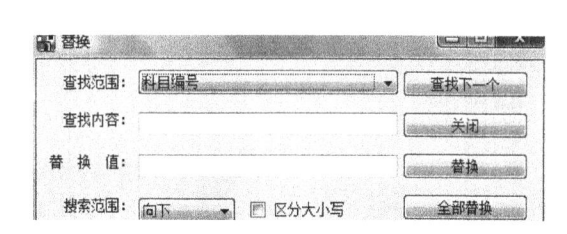

图 4—15 替换

3. 排序

这一命令用于在数据维护表中按一定顺序排列数据。

如图 4—16 所示，先选择主菜单"数据"下的"排序"，系统弹出"排序"窗口，选择主要关键字、次要关键字、第三关键字以及升降序，单击【确定】按钮开始排序；如果重新选择排序条件，单击【取消排序】按钮；如果退出排序，单击【取消】按钮。

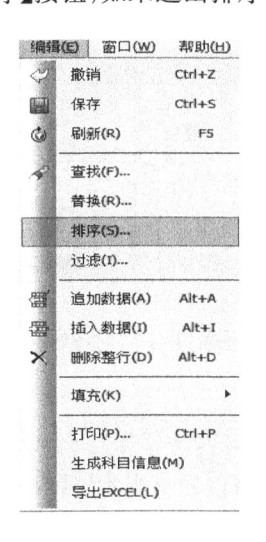

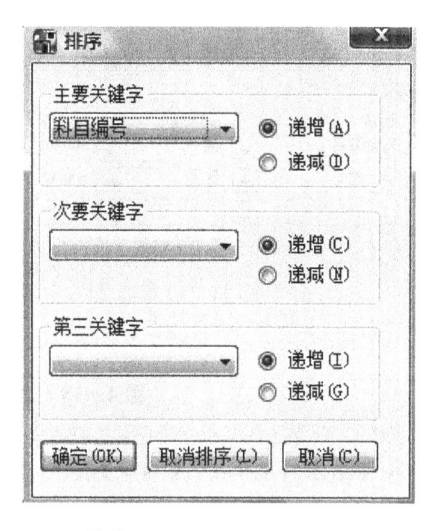

图 4—16 排序

4. 过滤

这一命令用于在数据维护表中按一定条件进行筛选数据。

如图 4—17 所示，选择主菜单"编辑"下的"过滤"，系统弹出"过滤"窗口。这一窗口包括选择列名、操作符、数据值、括号和逻辑等几个下拉列表，如果添加过滤条件，单击【添加】按钮，过滤设置将添加一行,选择列名、操作符、数据值、括号和逻辑等几个下拉列表,如果删除当前某一项过滤条件,单击【删除】按钮;如果清除全部过滤条件,单击【清除】按钮即可;如果退出过滤并关闭"过滤"窗口,单击【取消】按钮。

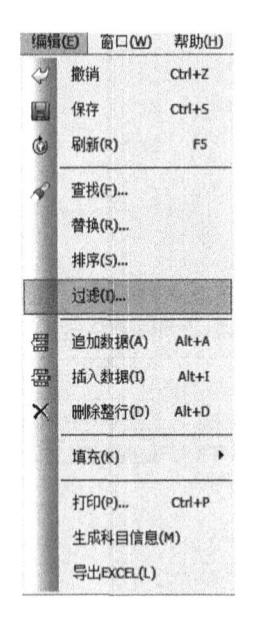

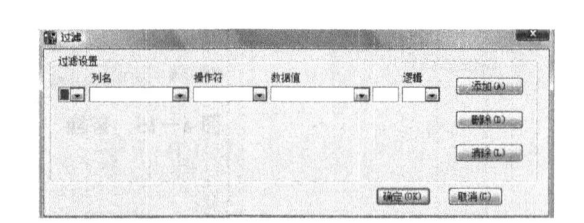

图 4—17 过滤

【例 4—2】 把凭证编号为 100201 或者凭证编号为 100202 的数据行过滤出来。

第一步,过滤设置,如图 4—18 所示。

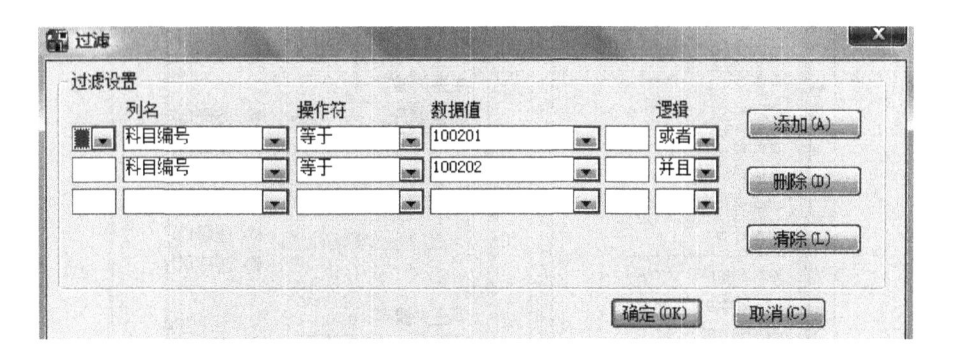

图 4—18 过滤设置

第二步,输入过滤条件后,点击【确定】按钮,满足条件的行显示出来(如图 4—19 所示)。

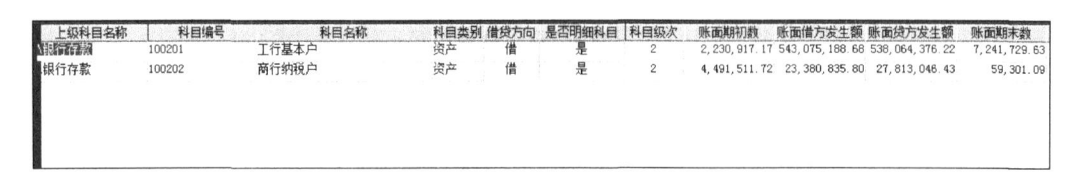

上级科目名称	科目编号	科目名称	科目类别	借贷方向	是否明细科目	科目级次	账面期初数	账面借方发生额	账面贷方发生额	账面期末数
银行存款	100201	工行基本户	资产	借	是	2	2,230,917.17	543,075,188.68	538,064,376.22	7,241,729.63
银行存款	100202	商行纳税户	资产	借	是	2	4,491,511.72	23,380,835.80	27,813,046.43	59,301.09

图 4—19 过滤显示

> **注意：**
> 如果过滤条件设置不恰当,例如,过滤列里面选择的是数字类型的列,数据值列里输入的是字符,点击"确定"时系统会弹出过滤条件设置无效的提示。

5. 追加数据

这一命令用于在数据维护表最后一行后面添加一个空行。

如图4-20所示,选择主菜单"编辑"下的"追加数据",或点击工具栏中的 ![] 按钮。例如,审计人员打开的数据表有31行,使用了追加数据功能后,该表的最后新增加了行号为32的空行。

这一命令的快捷键操作如下：

把光标放在数据表最后一行,按住Shift+↓,也可以在数据维护表的最后一行后面追加一个空行。

6. 插入数据

这一命令用于在数据维护表中光标当前所在行的前面插入一行。

单击需要插入的新行下面一行中的任意单元格。例如,如果要在第五行的前面插入一行,请单击第五行中任意可写单元格。选择主菜单"编辑"下的"插入数据"(如图4-21所示),或点击工具栏中的 ![] 按钮,完成插入数据行。

7. 删除整行

这一命令用于在数据维护表中删除光标当前所在的行。

先点击需要删除的行中任意位置,然后选择主菜单"编辑"下"删除整行"(如图4-22所示)。如果要删除连续的几行,可以在按住Shift键的同时用鼠标点击要删除的第一行和最后

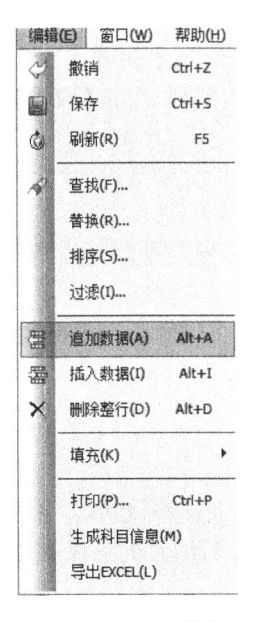

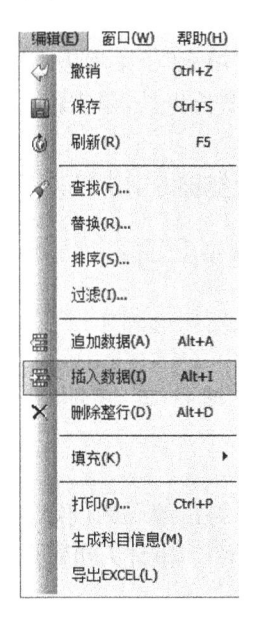

图4-20 追加数据　　图4-21 插入数据　　图4-22 删除整行

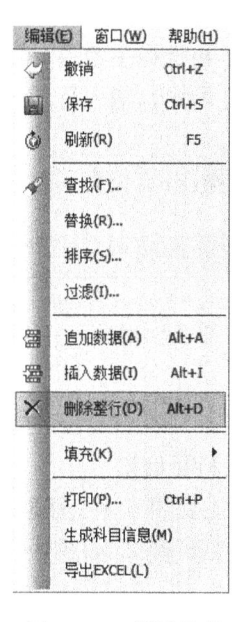

一行,即可选中所有要删除的行,然后选择"编辑"菜单下的"删除整行"或者鼠标右键点击【删行】。如果要删除不连续的行,可以按住 Ctrl 键,同时用鼠标分别点击要删除的行,选中后选择"编辑"菜单下的"删除整行"或右键点击【删行】。

8. 填充

(1)向下填充

这一命令用于在数据维护表中将选定单元格中的内容复制到同列下方的单元格。

先移动鼠标到选定单元格,按住鼠标左键,向下拖动鼠标,直到最后一个要填充的单元格,放开鼠标左键,再选择主菜单"编辑"下"填充"子菜单中"向下填充"命令(如图 4-23 所示)。

快捷键操作:向下填充,按住 Ctrl+↓。

(2)向上填充

这一命令用于在数据维护表中将选定单元格中的内容复制到同列上方的单元格。

先移动鼠标到选定单元格,按住鼠标左键,向上拖动鼠标,直到最后一个要填充的单元格,放开鼠标左键,再选择主菜单"编辑"下"填充"的"向上填充"(如图 4-24 所示)。

快捷键操作:向上填充,按住 Ctrl+↑。

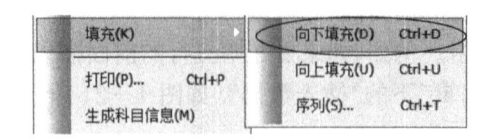

图 4-23　向下填充　　　　　　图 4-24　向上填充

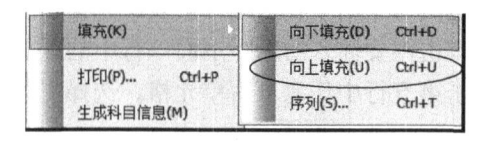

(3)填充序列

在数据表中,选定一列或一列中的部分行,将首行单元格内容按照一定步长填充到下方的单元格中。

先移动鼠标到某单元格,按住鼠标左键,向下拖动鼠标,直到最后一个要填充的单元格,放开鼠标左键,再选择主菜单"编辑"下"填充"子菜单中的"序列"命令,系统弹出"等差序列"窗口(如图 4-25 所示),输入行与行间的增长步长,单击【确定】按钮即可,单击【取消】按钮放弃填充序列操作。

快捷键操作:步长为 1 时,可用快捷键 Ctrl+Shift +↓。

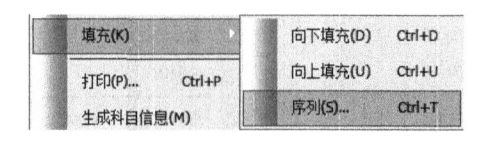

图 4-25　序列填充

9. 生成科目信息

此功能主要用于手工账取数后对科目编码的设定。选择"生成科目信息"菜单,系统弹出"生成科目信息"窗口(如图 4-26 所示)。审计人员可以设定科目编码的各级次长度生成科目信息。

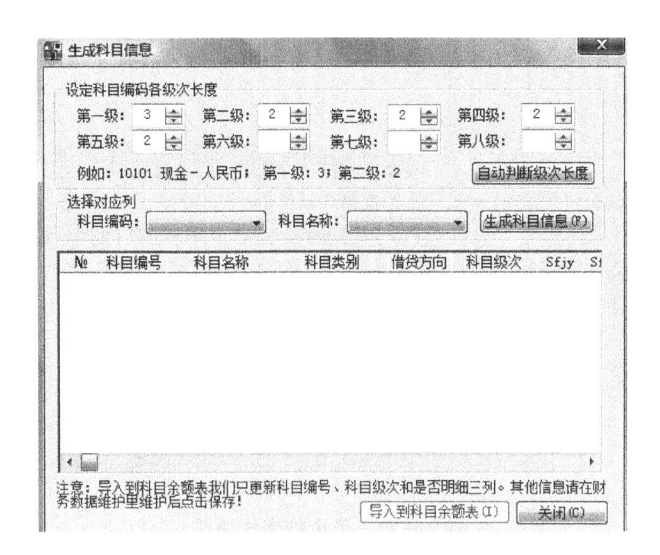

图4—26 生成科目信息

10. 导出 Excel

审计人员可以把数据表导出为 Excel 文件。

三、生成总账

"生成总账"主要是指生成"科目余额表"。"科目余额表"在系统中是非常重要的数据表。未审会计报表和实质性程序工作底稿的数据都是从"科目余额表"中得到的。

(一)生成总账的应用情形

当审计的期间和导入数据的期间不一致时,或者企业的数据自身没有结账,或者结账的期间不对,或者对被审计单位的原始数据进行了修改,就要使用"生成总账"功能,以便系统自动重新计算科目余额表和财务报表。

(二)生成总账的方式

1. 由凭证生成总账

由凭证生成总账,即从凭证库中提取数据生成总账。

(1)如果有上年科目库数据将上年的期末数作为本年的期初数,将凭证借方发生额的总和作为总账的借方发生额,凭证贷方发生额的总和作为总账的贷方发生额。

(2)如果有上级科目的,再将本级科目求和生成上级科目的数据。

(3)如果进行了"核算项目转成科目"的操作,选上"同时处理核算项目"能把核算项目转换成的科目也重新生成数据。

2. 由辅助核算项目明细生成辅助核算项目总账

由辅助核算项目的明细库提取数据来生成辅助核算项目的总账。如果辅助核算项目转成了科目,也会更新该科目。

3. 由月余额生成总账

利用科目月余额表生成总账,如图4—27所示。

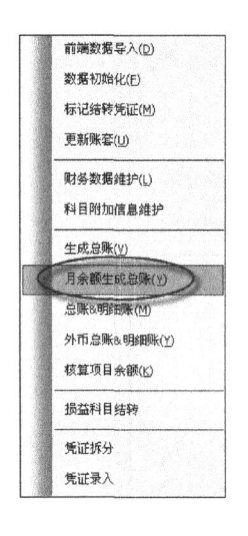

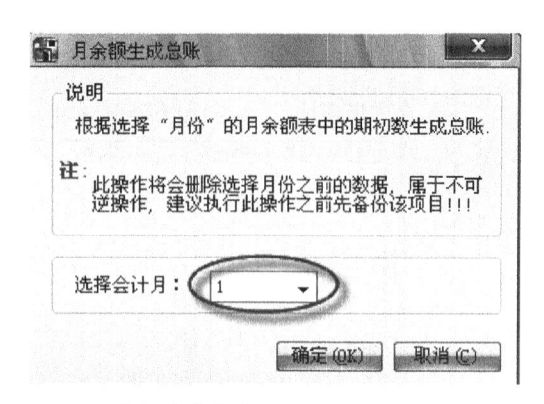

图 4—27　月余额生成总账

> **注意：**
> 此操作将会删除选择月份之前的数据，属于不可逆操作，因此执行此操作之前要先备份项目。通常只审计选择月份之后的账时才使用这一功能。

四、损益结转科目

(一)适用情形

未审会计报表提示不平衡，在科目对应正确的情况下，就可能是损益科目期末没有结转造成的。可以利用"财务数据/损益科目结转"功能在期末账表调整生成一笔结转分录来解决(注意总账、明细账的余额是不会变的)。

(二)操作步骤

点击"财务数据/损益科目结转"，弹出损益结转科目表页，系统会自动过滤出企业未结转的凭证，点击"确定"按钮，系统可以结转所有未被结转的凭证(如图4—28所示)。

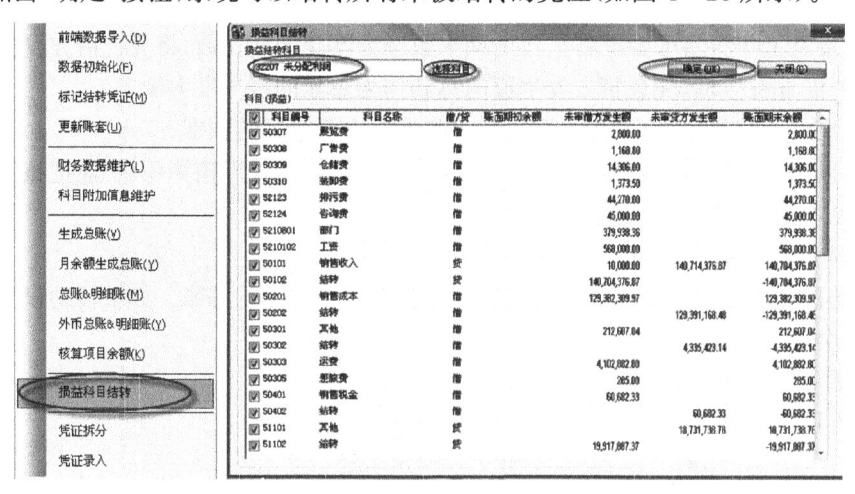

图 4—28　损益科目结转

五、凭证拆分与凭证录入

(一)凭证拆分

1. 应用情形

如果企业将涉及同一会计科目的两笔不同分录做成一张凭证,例如,下面的两笔业务分录:

  借:应收账款   10 000
    贷:主营业务收入   10 000
  借:主营业务收入   20 000
    贷:本年利润   20 000

企业将这两笔不同业务分录做到了一张凭证上(甚至把凭证金额合并),即

  借:应收账款   10 000
    主营业务收入   10 000
    贷:本年利润   20 000

此时,审计人员可以利用凭证拆分功能,将此凭证拆分为两张不同的凭证,以使损益类科目发生额计算正确,且正确反映出两笔不同业务的实际情况。

2. 操作步骤

(1)点击"财务数据/凭证拆分"按钮,弹出凭证拆分表页,系统智能搜索出包含"未分配利润"或"本年利润"科目并且凭证条数大于3条的凭证(如图4—29所示)。

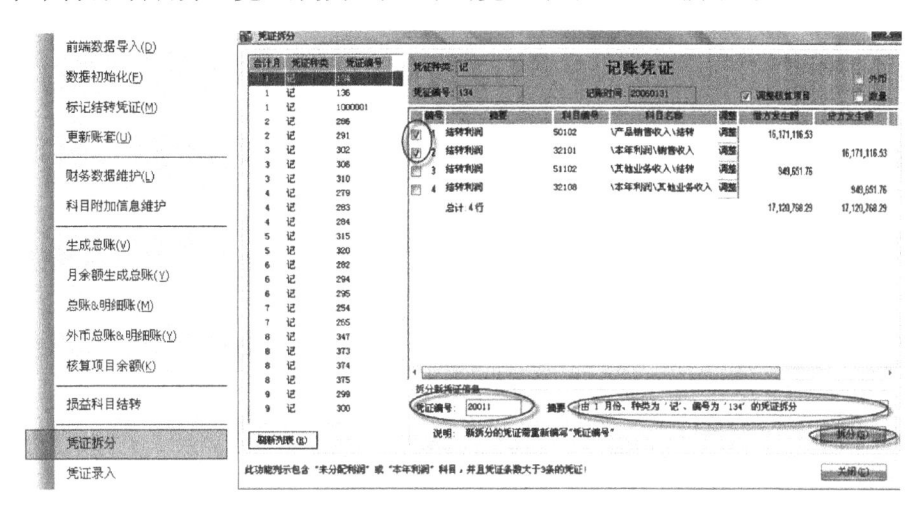

图 4—29 凭证拆分

企业记账时将产品销售收入的结转和其他业务收入的结转做成了一笔凭证。审计人员可以将产品销售收入结转凭证和其他业务收入结转凭证进行拆分。

(2)勾选上"产品销售收入"和"本年利润\产品销售收入"两条凭证行,然后在该表页下方录入新凭证编号,右下角凭证摘要系统会自动写入该笔凭证是由"某某"凭证拆分而来。

(3)点击"拆分"按钮,系统会将该笔原始凭证拆分为两张凭证,即

  借:产品销售收入   16 171 116.53
    贷:本年利润   16 171 116.53

借：其他业务收入　　　　　　　　　　　　　　　　　　　　949 651.76
　　贷：本年利润　　　　　　　　　　　　　　　　　　　　　　949 651.76

> **注意：**
> 如果企业将损益类科目发生额和结转做成一张凭证，除了可以使用凭证拆分功能来还原业务本来面目外，还可以使用手动标记结转功能来正确生成利润表数据。

(二)凭证录入

1. 应用情形

(1)审计人员审计过程中发现错报，企业在未结账的情况下同意并且已经调整其会计账套的，审计人员不必重新去企业财务系统中提取财务数据，可以录入企业修改的凭证。

(2)在审计人员提取企业财务数据后，企业在未结账的情况下又对账套进行会计处理，审计人员为避免重新取数覆盖已做底稿，可使用凭证录入功能，添加凭证。

2. 操作步骤(如图4—30所示)

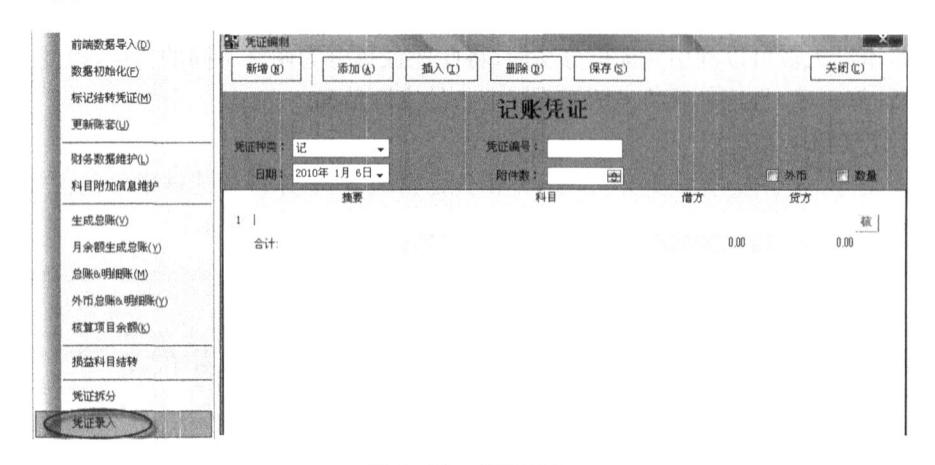

图 4—30　凭证录入

(1)点击"财务数据/凭证录入"按钮，进入凭证录入表页。
(2)选择"凭证种类"、编写"凭证编号"、填写"日期"、录入"附件数"。
(3)录入"摘要""科目"以及借贷方金额，单击"保存"按钮。

> **注意：**
> 录入凭证后，要使用"生成总账/由凭证生成总账"。

【例4—3】 需要添加一笔商品销售收入10 000元，该款项尚未收到销售交易的凭证。

操作步骤如下：

(1)选择"凭证种类"、编写"凭证编号"、填写"日期"、录入"附件数"，录入凭证摘要(如图4—31所示)。

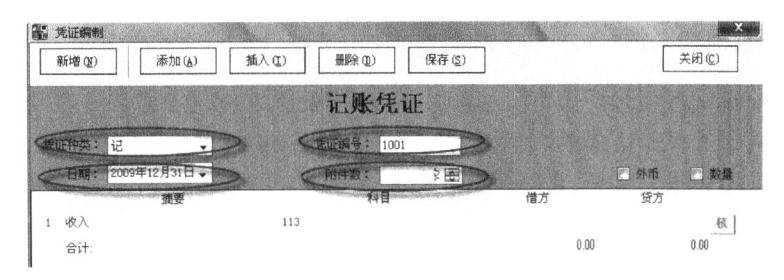

图 4—31　凭证录入 1

（2）双击科目下空白单元格，选择凭证科目"应收账款"，金额录入 10 000 元，即完成"借记应收账款 10 000"的录入（如图 4—32 所示）。

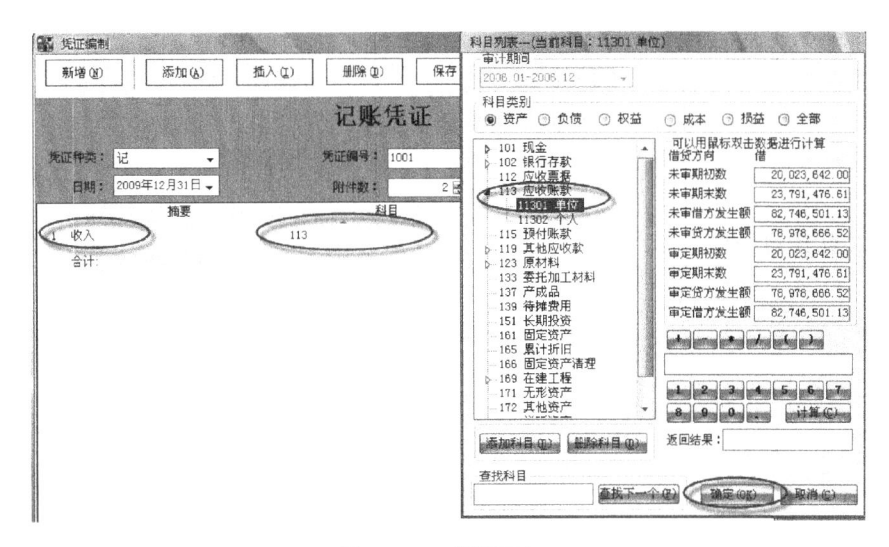

图 4—32　凭证录入 2

（3）点击【添加】按钮，添加一条记录，重复步骤（2），即完成"贷记主营业务收入 10 000"录入（如图 4—33 所示）。

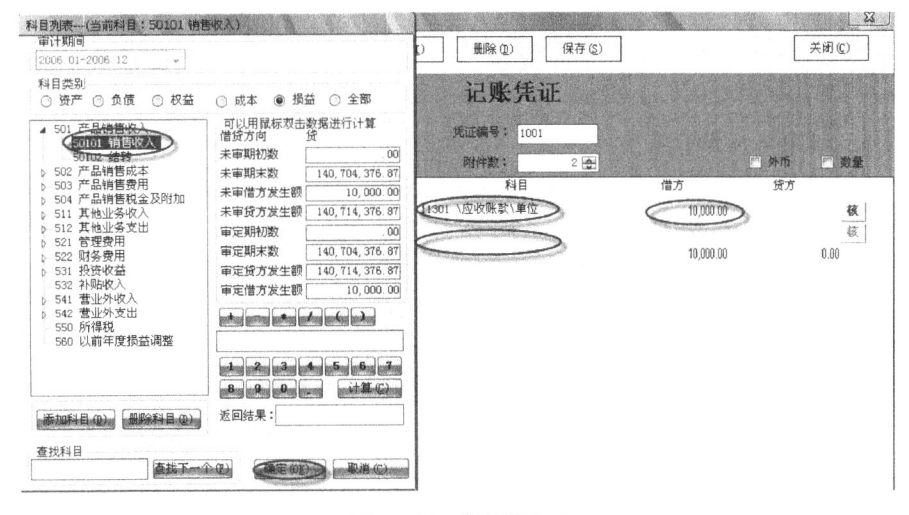

图 4—33　凭证录入 3

六、生成审计前端文件

生成审计前端文件就是导出审计系统中的电子账套,生成格式为 *.sjc 的审计前端文件备用。一旦从被审计单位采集的数据丢失,又没有办法从被审计单位重新获取数据,则可以用这一功能恢复前端数据。另外,将手工取数形成的 Excel 表财务数据导入系统后,可以用这一功能生成一个 *.sjc 审计前端文件备用。

【实训一】

资料:

1. 教师提供同一企业 2018 年、2019 年账套(其中审计年度为 2018 年)。
2. 第三章实训操作完成的"学生项目"。

要求:

1. 用【前端导入数据】命令导入财务数据。

(提示:如果创建项目时的会计期间与导入数据的会计期间不同,需要修改项目的会计期间。)

2. 完成数据初始化。

【实训二】

资料:

完成【实训一】的"学生项目"。

要求:

1. 执行"查账"系列功能。
2. 如果执行查账系列功能发现数据有误,进行相关财务数据维护。
3. 在凭证表中过滤出 1 月份凭证编号为 001 的凭证,或者 2 月份凭证编号为 002 的凭证。

(提示:可以设计多种过滤条件进行练习。)

【实训三】

资料:完成【实训二】的"学生项目"。

要求:

利用"生成前端文件"功能将"学生项目"中的电子账套生成审计前端文件,保存到自备的 U 盘。

第五章 会计报表与总账和明细账

第一节 会计报表

一、未审会计报表

"未审会计报表"以 Excel 表的形式存在,包括"数据表""未审资产负债表""未审利润表""未审现金流量表""未审所有者权益变动表""权益科目明细账"。

(一)"未审会计报表"的打开方式

未审会计报表窗口可以通过以下三种方式打开:

(1)在"数据初始化"窗口,点击第十项"打开未审会计报表"。

(2)点击系统主菜单中的"会计报表/未审会计报表"。

(3)点击系统主界面功能区"准备阶段"的"未审会计报表"。

(二)未审会计报表主要数据列

在鼎信诺审计系统中未审会计报表中主要数据列分为账面数、未审数和报表数。账面数是系统通过采集来的被审计单位电子账套中的会计科目余额自动生成;未审数是由系统根据账面数生成的报表数,在数额上一般等于账面数加减账表差异调整数得到的;报表数是根据被审计单位提供的财务报表录入的。

> 提示:
>
> (1)未审报表生成数据后,如果未审数(账面数)试算平衡不平,则在未审资产负债表第四行会出现红字报警,需要审计人员通过"测试分析/查账"查找原因,然后根据不同情况通过"财务数据/损益科目结转"进行调整或者通过"财务数据/财务数据维护"修改错误数据。
>
> (2)如果未审数与报表数有差异(通常是被审计单位对往来科目负值余额做过重分类调整),"差异"列将以红色显示,审计人员需要进行账表差异调整(具体操作见第七章第一节"负值重分类调整")。
>
> (3)账面数和账表差异调整两列系统默认是隐藏的。

(三)未审会计报表的加载功能

未审会计报表 Excel 窗口工具栏中嵌入"鼎信诺审计加载项",包括"表页签名""报表项目维护""报表对应科目""生成数据表数据""生成当前报表数据""未审到报表""显示/隐藏列""上期数""调整"和"其他报表"按钮(如图 5-1 所示)。

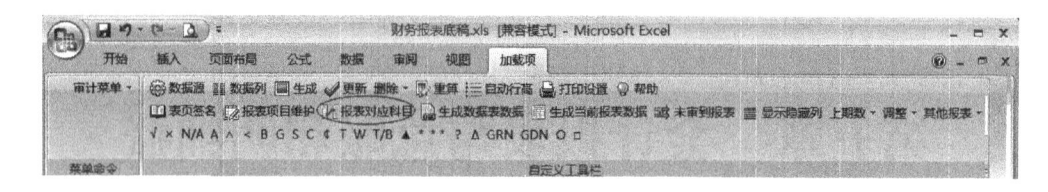

图 5—1 未审会计报表工具栏加载项

1. 报表对应科目

在"未审会计报表"窗口,点击【报表对应科目】,系统开始自动建立会计科目与报表项目的对应关系,也可以通过手工拖拽方式来设置科目与报表项目的对应关系,以便相关数据被工作底稿、试算平衡表、已审会计报表所引用。这一功能的介绍详见本章第一节"导入数据与数据初始化"。

2. 调整

"调整"按钮下拉菜单显示"负值重分类调整""期初账表差异调整""期末账表差异调整"三个选项(如图 5—2 所示)。

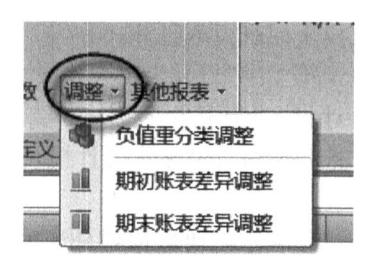

图 5—2 调整

具体操作见第八章"审计调整"。

3. 未审到报表

在"未审会计报表"窗口需要审计人员将系统生成的报表未审数与企业提供的财务报表进行对比。如果目测报表数与未审数是一致的,可使用 未审到报表(T) 按钮,将未审数直接复制到报表数。

4. 上期数

"上期数"的下拉菜单中显示"报表上期数""科目上期数""生成上期发生额"三个选项,即为上期数生成的三种方式,如图 5—3 所示。

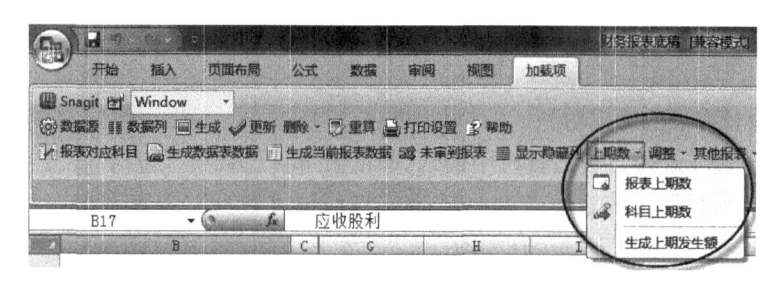

图 5—3 上期数的下拉菜单

(1)"报表上期数"。它只适用于在利润表中"上期金额"录入数据(即只在"利润表"表页可操作)。当审计人员只导入一年数据,鼎信诺审计系统无法生成利润表上期数。此时审计人员需要打开利润表,然后单击【上期数】,选择点击【报表上期数】,系统提示"报表上期数的 L 列单元格已经取消写保护,现在可以手工填写报表上期数",点击【确定】后,审计人员可以根据上年利润表填写"上期金额",如图 5—4 所示。

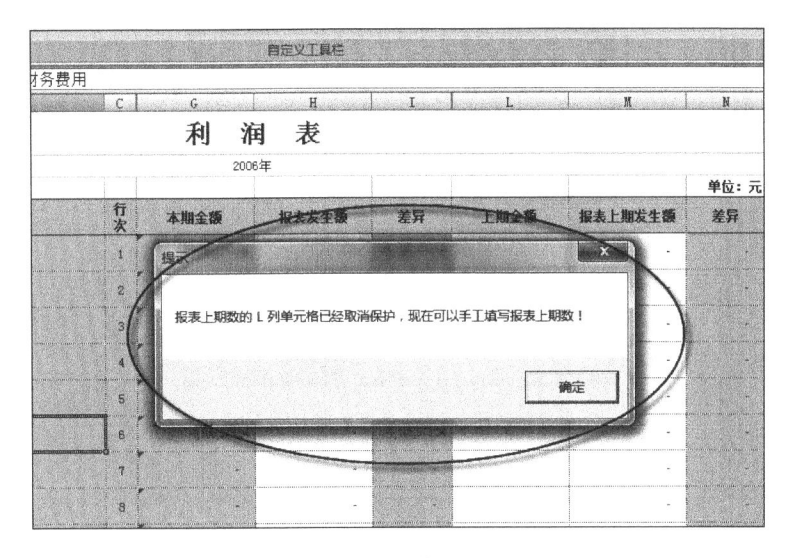

图 5—4 报表上期数

(2)"科目上期数"。单击"上期数",选择点击【科目上期数】,弹出"手工录入科目上年数"表页,在该表页审计人员手工填写上年数,如图 5—5 所示。

图 5—5 科目上期数

(3)"生成上期发生额"。单击"上期数",选择点击【生成上期发生额】,弹出"生成上期发生额"窗口。如果审计人员创建项目是多年账套的项目,在"选择数据来源的单位年度"下会显示出该项目名称和会计年,选择该项目,点击"确定"按钮,鼎信诺审计系统会自动读取上期数据,如图5—6所示。

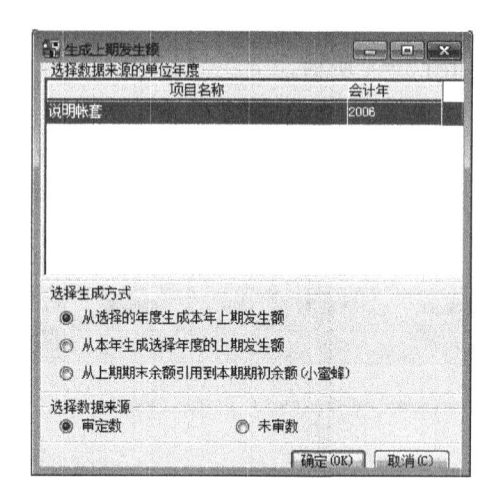

图5—6 生成上期发生额

> **提示:**
> 方式(1)在"利润表"使用"报表上期数"录入数据后,数据会直接保存在报表项目中,而科目余额表不发生变化。
> 方式(2)如果使用"科目上期数"输入数据,数据首先保存在科目余额表中,然后通过科目余额表再重算一次报表,在利润表中生成上期数。
> 方式(3)"生成上期发生额"适用于导入连续多年账套的情形。
> 第一种方式只能在利润表表页操作,后两种方式可以在打开的其他报表表页操作,但针对的只是利润表。

5."生成数据表数据"与"生成当前表数据"

"生成数据表数据":当报表数据有变动时,用这一功能生成该Excel工作簿中"数据表"的最新数据。会计报表中各项目数据都是从"数据表"中取数。

"生成当前表数据":当"数据表"的数据已更新,而会计报表的数据尚未更新时,可以使用这个功能更新当前打开的会计报表中的数据。

6.重算

"重算"是当科目数据发生了变化,未审数需要重新计算。例如,科目余额发生了变化,或者添加了报表项目等,需要重新计算。

7.其他报表

"其他报表"下拉菜单显示"未审会计报表""试算平衡表""已审会计报表"三个选项。点击相应选项可进入相应表页界面,如图5—7所示。

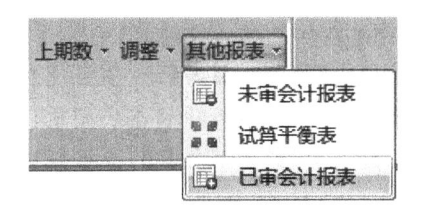

图 5-7　其他报表

二、报表项目对应底稿项目

(一)对应的目的

只有报表项目与底稿项目对应了,底稿才能生成数据。

(二)打开方式

如图 5-8 所示,选择"会计报表\报表项目对应底稿项目"选项,打开"报表项目对应底稿项目"窗口,在该窗口设置报表项目与底稿的对应关系。

(三)对应方式

1. 自动对应

鼎信诺审计系统根据企业会计准则自动实现报表项目与底稿项目对应。

2. 手工对应

审计人员也可以根据实际情况,通过拖拽方式设置报表科目与底稿项目的对应关系。

(四)删除对应关系

如果报表项目与底稿项目存在对应错误,在底稿项目的具体名称点击右键可以删除其与报表项目的对应关系。

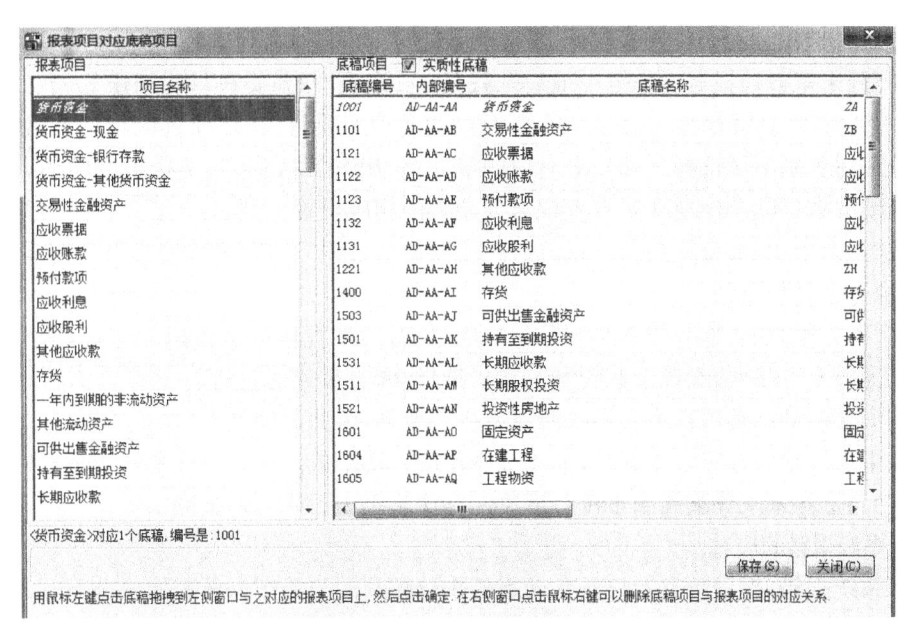

图 5-8　报表项目对应底稿项目

> 提示：
> (1)报表如果没有生成数据，可能是科目与报表项目没对应。
> (2)底稿如果没有生成数据，可能是报表项目与底稿项目没对应。
> (3)底稿明细表没有生成数据，可能是明细科目与报表明细项目没有对应。

三、报表项目维护

（一）修改报表项目

当系统中报表项目信息与企业的报表项目信息不一致时，需要修改当前报表的信息。例如，报表项目的编号（该编号会影响到集团合并，相同编号的报表项目在汇总时会被合并到一起）、报表项目的名称（该名称会影响到实质性程序的底稿的表头）、借贷方向（方向设置会影响到报表数的正负）。

在"报表项目维护"窗口，不能修改报表项目的期初数、期末数、发生额等数据，因为报表项目的数据是由原始数据汇总得来。

> 提示：
> 在审计实务中，当报表会出现不合理的正负数时，要考虑到"报表项目维护"窗口进行报表项目借贷方向的重新设置。

（二）添加、删除报表项目

在审计时，如果缺少某些报表项目，或认为某些报表项目用不到，就可以添加项目或删除项目。

四、生成所有者权益变动表

（一）操作步骤

(1)打开未审会计报表工作簿中最后一张 Excel 表页"权益类科目明细账"。

(2)针对本期金额有变动会影响所有者权益变动的项目，在该项目记录行与最后一列 L 列交汇处进行类别归属选择。即点击对应的单元格，出现下拉列表，选择类别归属，影响所有者权益变动的数据就会出现在所有者权益变动表的相应位置。例如：

①在"盈余公积"部分有两条记录，选择"提取盈余公积"，这两组数据就出现在"盈余公积"列的"提取盈余公积"行。

②在"未分配利润"部分找到利润分配的项目，有两条提取盈余公积的记录，选择"提取盈余公积"；另外有一条"分配现金股利"的记录，选择"向股东分配股利"。

③利润分配的结转项目不会导致所有者权益变动，因此无须处理。

④如果系统导入连续多年账套，上年金额也应自动生成。如果没有上年数据，导致系统报错"本年初与上年末未分配利润不符"，解决的办法是手工录入上期金额。

（二）系统报错的应对

如果系统报错，提示所有者权益变动表的未分配利润与资产负债表的未分配利润不相符，查看利润表中利润分配下的各明细项目（提取盈余公积等）出现负值，而查看相应明细账为正数，可能是报表项目借贷方向有误，可以通过"报表项目维护"对相关科目余额方向进行修改（将贷方修改为借方），然后生成数据表数据，更新所有者权益变动表即可。

五、生成现金流量表

在 DXN 系统中,现金流量表工作底稿需要通过"底稿向导"中的"其他项目工作底稿"打开。

(一)企业 ERP 系统已做现金流核算

企业应用 ERP 软件进行精细化管理,每一笔资金移动都录入了数据库,并进行了现金及现金等价物流动的精细核算。在这种情况下,生成现金流量表的操作步骤如下:

1. 提取与导入数据

运用审计前端将数据库中的相关数据直接提取出来导入 DXN 系统。

2. 设置现金流量项目

在数据初始化时,第六步点击"选择项目",将企业设置的现金流核算与现金流量表工作底稿相衔接(如图 5-9 所示)。

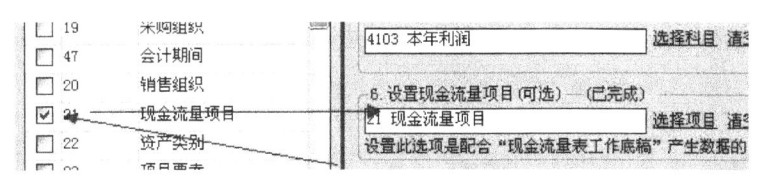

图 5-9 数据初始化——设置现金流量项目

3. 现金流名称标准化

如果企业所设置的现金流量表项目的名称与标准现金流量表项目名称不同,需要在现金流名称标准化表中,将企业定义的现金流量表项目名称进行标准化设置(如图 5-10 所示)。

图 5-10 现金流量项目名称标准表

4. 打开现金流审计工作底稿

简明日记账法的底稿表页中详细记录了企业每一笔现金的变动记录和企业对每笔交易的定性(如图 5-11 所示)。

简 明 日 记 账 法 工 作 表

编制：　　　　日期：
复核：　　　　日期：　　　　项目：现金流量表工作底稿-简明日记

摘要	未核现流性质(企业登记属性)	借方发生额	流入	贷方发生额	流出	记账日期	8	凭证类型	凭证编号
收师大学者公寓工程款	处置固定资产、无形资产和	136,202.00		-		2010-1-4	1	银行凭证	1
购买电汇手续费	支付其他与经营活动有关的	-		1.20		2010-1-4	1	银行凭证	3
支付手续费	支付其他与经营活动有关的	-		15.50		2010-1-4	1	银行凭证	4
支付手续费	支付其他与经营活动有关的	-		20.50		2010-1-4	1	银行凭证	5
付工资	支付给职工以及为职工支付	-		790,000.00		2010-1-4	1	银行凭证	6
付工资	支付给职工以及为职工支付	-		10,000.00		2010-1-4	1	银行凭证	6
收到银行存款利息	收到其他与经营活动有关的	7,927.20		-		2010-1-4	1	银行凭证	7
支付手续费	支付其他与经营活动有关的	-		50.00		2010-1-4	1	银行凭证	8
付学者公寓造价咨询费	购建固定资产、无形资产和	-		300,000.00		2010-1-4	1	银行凭证	9

图 5—11　现金流量简明日记账法工作表

5. 分析检查

针对大额和异常交易的分类进行分析检查，确定企业是否将所有重要现金变动均反映在恰当的现金流量表项目中。若归类不恰当，对其进行重新划分归类(如图 5—12 所示)。

简 明 日 记 账 法 工 作 表

编制：　　　　日期：
复核：　　　　日期：　　　　项目：现金流量表工作底稿-简明日记账法

摘要	未核现流性质(企业登记属性)	借方发生额	流入	贷方发生额	流出	记账日期	8	凭证类型	凭证编号
收师大学者公寓工程款	处置固定资产、无形资产和	136,202.00	收到的税费返还	-		2010-1-4	1	银行凭证	1
购买电汇手续费	支付其他与经营活动有关的	-		1.20		2010-1-4	1	银行凭证	3
支付手续费	支付其他与经营活动有关的	-		15.50		2010-1-4	1	银行凭证	4
支付手续费	支付其他与经营活动有关的	-		20.50		2010-1-4	1	银行凭证	5
付工资	支付给职工以及为职工支付	-		790,000.00		2010-1-4	1	银行凭证	6
付工资	支付给职工以及为职工支付	-		10,000.00		2010-1-4	1	银行凭证	6
收到银行存款利息	收到其他与经营活动有关的	7,927.20		-		2010-1-4	1	银行凭证	7
支付手续费	支付其他与经营活动有关的	-		50.00		2010-1-4	1	银行凭证	8
付学者公寓造价咨询费	购建固定资产、无形资产和	-		300,000.00		2010-1-4	1	银行凭证	9

图 5—12　现金流量重新归类

6. 生成未审现金流量表(如图 5—13 所示)

现 金 流 量 表 （未 审）

审计单位：aaa　　　　编制：　　　　日期：
表截止日：2010年08月31日　　　　复核：　　　　日期：　　　　项目：现金流量
工作底稿-现金流量表(未审)

请单击右侧单元格中选择编制方法：简明日记账法

项　目	简明日记账法	分录法	间接法	本期数（未审）	上期金额
、经营活动产生的现金流量：					
销售商品、提供劳务收到的现金	75,083,744.00	-	127,153,723.43	75,083,744.00	73,000,000.00
收到的税费返还	136,202.00	-	-	136,202.00	10,000.00
收到其他与经营活动有关的现金	491,157,019.75	-		491,157,019.75	300,000,015.00
经营活动现金流入小计	566,376,965.75	-	127,153,723.43	566,376,965.75	373,010,015.00
购买商品、接受劳务支付的现金	25,955,729.00	-	2,377,967.30	25,955,729.00	26,000,000.00
支付给职工以及为职工支付的现金	4,855,908.63	-	4,374,446.18	4,855,908.63	5,000,111.00
支付的各项税费	23,216,163.01	-	-	23,216,163.01	24,230,100.00
支付其他与经营活动有关的现金	517,926,082.67	-	-9,162,690.05	517,926,082.67	517,000,000.00
经营活动现金流出小计	571,953,883.31	-	-2,410,276.57	571,953,883.31	572,230,211.00
经营活动产生的现金流量净额	-5,576,917.56	-	129,564,000.00	-5,576,917.56	-199,220,196.00
、投资活动产生的现金流量：					
收回投资收到的现金				-	
取得投资收益收到的现金	-	-	-	-	
处置固定资产、无形资产和其他长期资产收回的现金净	7,445,723.00	-	-	7,445,723.00	8,099,800.00
处置子公司及其他营业单位收到的现金净额	-	-	-	-	
收到其他与投资活动有关的现金	-	-	-	-	
投资活动现金流入小计	7,445,723.00	-	-	7,445,723.00	8,099,800.00
购建固定资产、无形资产和其他长期资产支付的现金	22,633,330.78	-	-	22,633,330.78	80,000,000.00
投资支付的现金	-	-	-	-	
取得子公司及其他营业单位支付的现金净额	-	-	-	-	
支付其他与投资活动有关的现金	-	-	-	-	

图 5—13　未审现金流量表

(二)企业未做现金流核算

信息化程度较低的企业,其现金流量表可能是由财务人员通过职业判断编制。在这种情况下,针对企业现金流量表的编制可以采用如下三种方法:

1. 简明日记账法

在简明日记账工作表中汇集了企业全年的现金变动记录,通过对这些记录的分析判断将其归入恰当的现金流量表项目(如图5—14所示)。

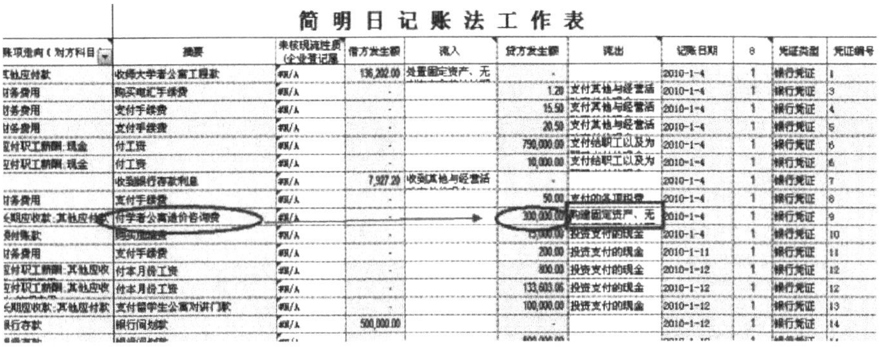

图5—14 简明日记账法工作表

为了提高工作效率,可根据现金记录所属的对方科目批量筛选同类型业务进行分类(如图5—15所示)。

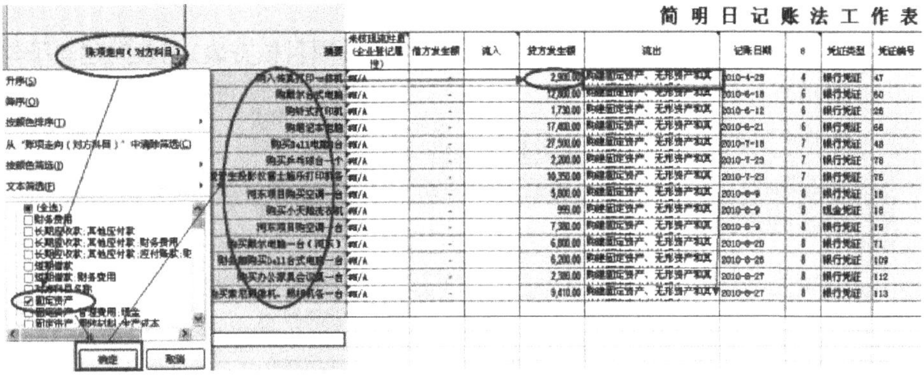

图5—15 简明日记账法工作表——批量筛选分类

2. 分录法

对于全年现金业务量很大的企业来说,通过分析日记账来编制现金流量表会因数据量太大而加大工作量。此时,可采用分录法,其操作步骤如下:

(1)利用"测试分析/相关搜索"搜索出涉及现金及现金等价物的相关项目进行分析(如图5—16所示)。

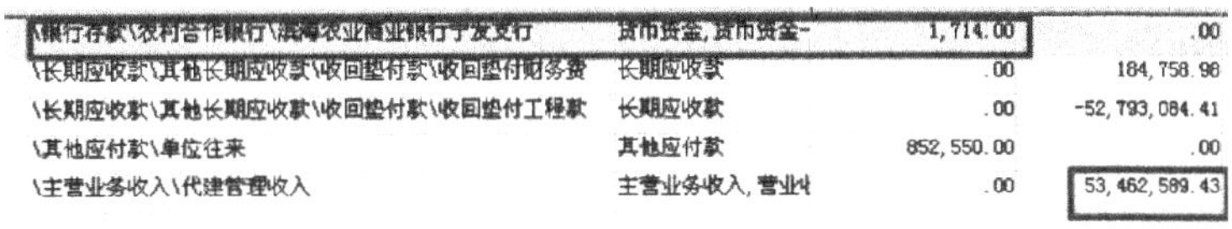

图5—16 相关搜索

(2) 编制现金流量分录。

例：主营业务收入 53 462 589.43 元，其中 1 714.00 元为现销，其余为赊销。因此，在现金流量表分录法工作底稿中可编制如下分录：

借：销售商品、提供劳务收到的现金　　　　　　　　　　1 714.00
　　其他应付款　　　　　　　　　　　　　　　　　　852 550.00
　　贷：长期应收款　　　　　　　　　　　　　　　　　184 758.00
　　　　其他应付款　　　　　　　　　　　　　　　　－52 793 084.41
　　　　营业收入　　　　　　　　　　　　　　　　　53 462 589.43

如图 5—17 所示。

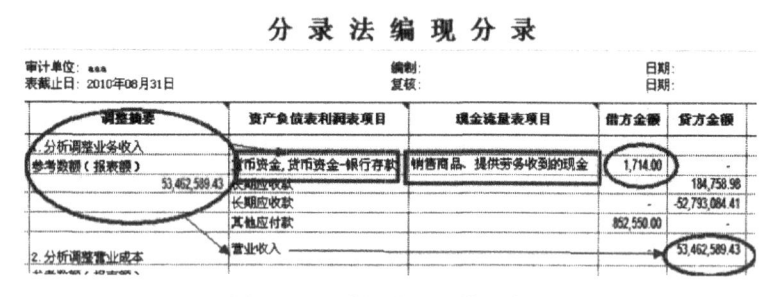

图 5—17　分录法——编现分录

(3) 以利润表项目为基础，从营业收入开始，结合资产负债表项目（现金及现金等价物科目除外）逐项分析，编制分录。

(4) 得到资产负债表、利润表、现金流量表三表合一的项目核查表，三表间建立了勾稽关系（如图 5—18 所示）。

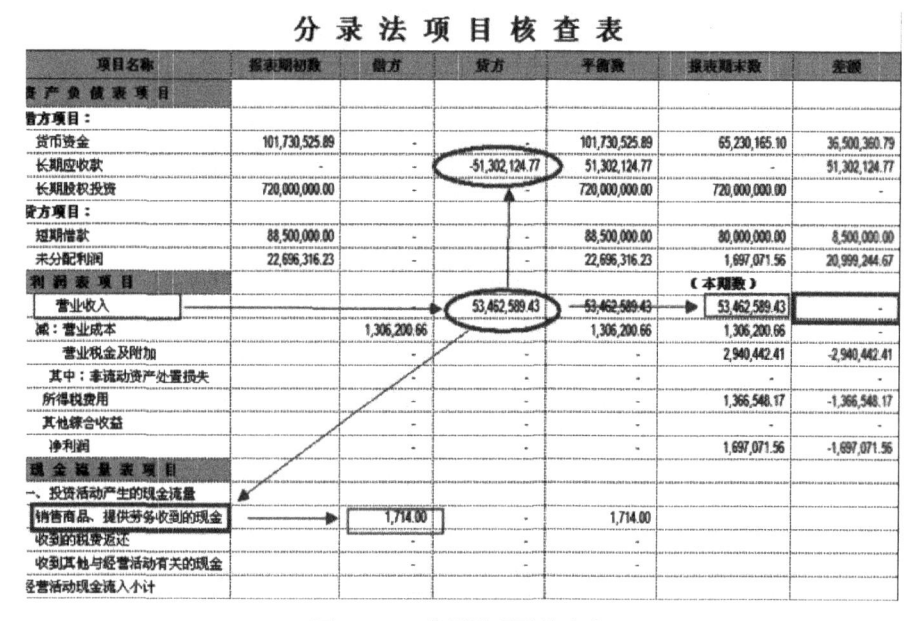

图 5—18　分录法项目核查表

3. 分析填列法

根据资产负债表、利润表和有关会计科目明细账的记录,直接分析计算出现金流量表各项目的金额。也可利用图 5-17 所示的工作表将分析的结果直接编制现金流量分录,汇总生成现金流量表。

(三)现金流量表补充资料的编制

现金流量表补充资料通常采用账务修正法和编现分录法来编制。

1. 账务修正法(如图 5-19 所示)

系统将总账、资产负债表及利润表的相关数据直接过到附表的基准数栏,审计人员对这些数据进行检查修正:一是基准数据不够准确需要修正,二是排除属于非经营活动所引起的数据变动。

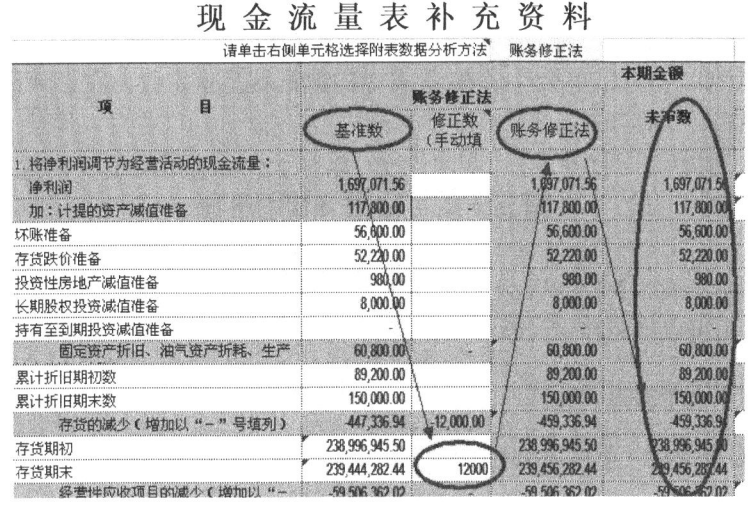

图 5-19 现金流量表补充资料——账务修正法

2. 编现分录法(如图 5-20 所示)

利用会计分录来编制现金流量表的附表,首先从总账系统分析并提取出相关数据,然后将其录入分录法工作底稿。

图 5-20 现金流量表补充资料——编现分录法

六、报表重置

(一)适用情形

当报表出现数据缺失或混乱,无法再继续审计程序时,需进行报表重置。

(二)操作步骤

在系统操作主界面,先按住"shift"键,同时点击功能区需要重置的"未审会计报表""已审会计报表"或"试算平衡表",即可实现相关报表重置。

七、试算平衡表与已审会计报表

选择"会计报表/试算平衡表"菜单,或者点击功能区"完成阶段"中的"试算平衡表",打开试算平衡表窗口。

选择"会计报表/已审会计报表"菜单,或者点击系统操作主界面功能区"完成阶段"的【已审会计报表】,就可以打开已审会计报表,报表中的数据就是审定数。在打开已审会计报表之前,未审会计报表必须打开过。

第二节 总账和明细账

DXN 系统在导入财务数据后,无论是何种财务软件形成的总账和明细账都被转换成统一的形式,审计人员可以随时在审计系统中查看总账、明细账以及凭证。

一、总账和明细账的打开方式

(1)选择"财务数据"菜单下的"总账&明细账",打开总账和明细账窗口(如图 5—21 所示)。

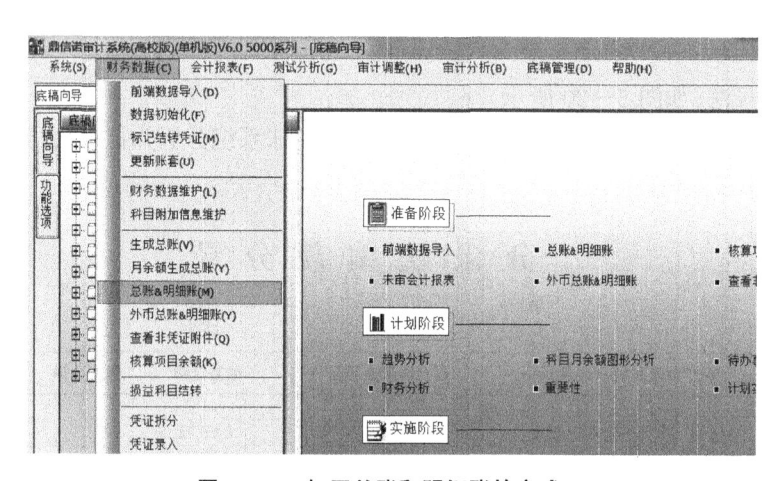

图 5—21 打开总账和明细账的方式一

(2)点击系统主界面功能区"准备阶段"下的【总账&明细账】,打开总账和明细账窗口(如图 5—22 所示)。

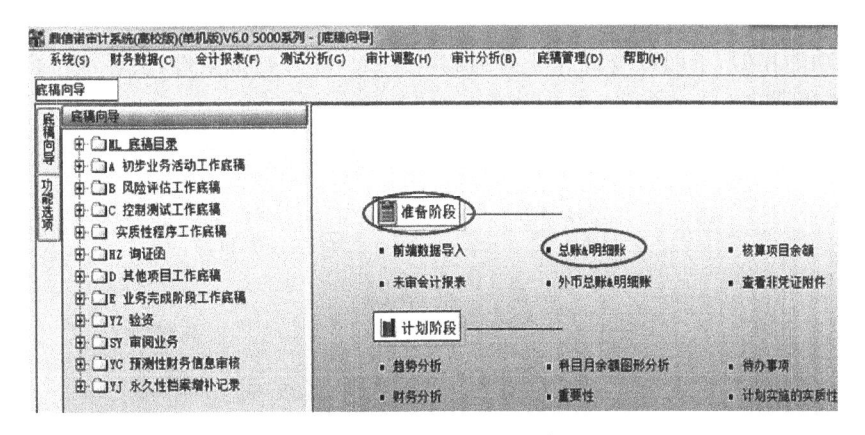

图 5-22　打开总账和明细账的方式二

(3)在科目余额表中双击任意科目行,打开相应科目明细账(如图 5-23 所示)。

图 5-23　打开总账和明细账的方式三

二、总账和明细账窗口的主要功能

(一)显示审计期间、被审计单位
用下拉列表的方式显示项目中所涉及的审计期间、被审计单位。

(一)查看数量、明细账月余额
在明细账中选择"查看数量",则显示"期初数量、借方数量、贷方数量和期末数量";在明细账中选择"查看明细账月余额",则显示各月明细账。

(三)显示方式
审计人员可以按"三栏式"和"余额式"两种方式查看总账、明细账。

(四)账证切换(三级跳)
在总账和明细账窗口,通过点击"向上""总分类账"按钮,及科目行、交易记录行,实现总账、明细账和凭证间的随意切换。

点击"向上"按钮,可以按照"凭证-明细账-总账"的顺序依次进入上一级界面。

点击"总分类账"可以直接回到"总分类账"最初界面。

(五)导出 Excel
可以将总分类账、明细账导出到 Excel 表中。

(六)查找、过滤、查询凭证

这三个功能相似,下面以查询凭证为例加以介绍。输入查询条件,会显示符合条件的凭证(如图5-24所示)。

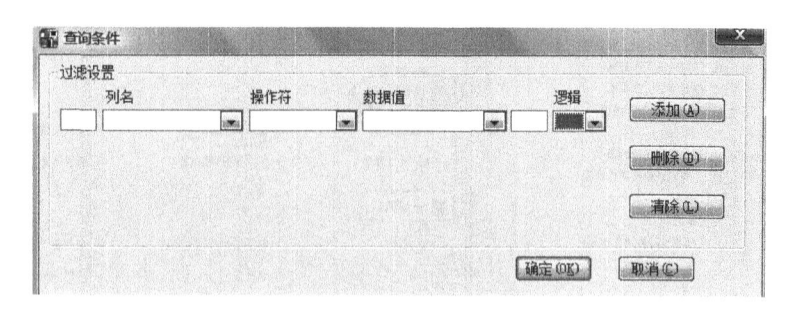

图5-24 查询凭证

(七)凭证抽凭

凭证抽凭的功能介绍详见第六章第三节"审计抽样的应用"。

(八)排序

在科目明细账借方发生额或者贷方发生额单元格(蓝色背景)双击,可以进行从大到小、从小到大的排序;双击记账时间单元格,可以按照记账时间从先到后或从后到先的顺序排序。

(九)按级次、编号查看

选择"级次""编号"项目,可以按级次查看总账、明细账,按编号查看凭证(如图5-25所示)。

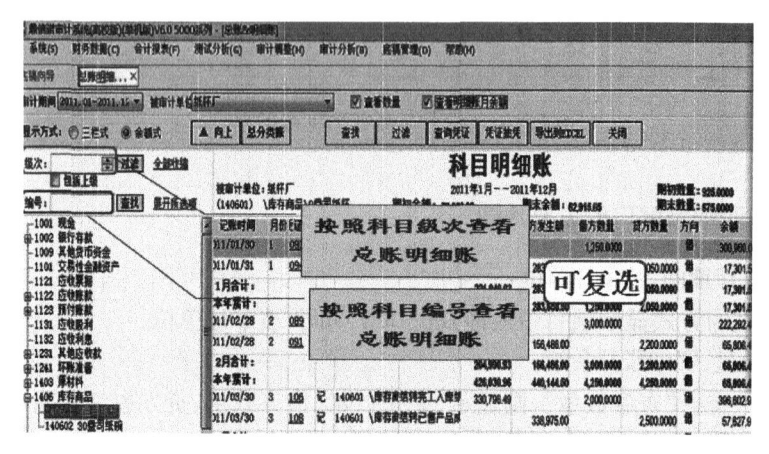

图5-25 按级次、编号查看账证

【实训】

资料:

第四章实训操作完成的"学生项目"。教师另外提供2018年该企业利润表数据。

创建两年的项目,然后比较下列不同情形下上期数的生成方式:

1. 创建项目时选择上一年度,先导入2017年数据,再导入2018年数据。

2. 创建项目时不选择上一年度,先导入2017年数据,再导入2018年数据。
3. 创建项目时不选择上一年度,先导入2018年数据,再导入2017年数据。

要求:利用会计报表Excel加载项"上期数"功能录入利润表上期数。

第六章 测试分析、审计分析与审计抽样的应用

第一节 测试分析

一、重要性水平分析

根据对被审计单位及其环境的了解,从数量和性质两方面来确定重要性水平。运用审计软件进行重要性水平分析时,是在"测试分析"菜单下选择"重要性"或者是在系统主界面功能区单击"计划阶段"的【重要性】,以 Excel 文件形式打开"重要性水平分析"窗口,填写报表整体重要性水平和实际执行重要性水平,必要时填写特定类别交易、账户余额或披露的一个或多个重要性水平(见表6—1)。

表6—1　　　　　　　　　重要性水平分析表

一、财务报表整体的重要性			
基　准	本期数	比率(%)	本期重要性水平参考值
总资产			—
收入总额			—
费用总额			—
税前利润			—
请选择恰当的基准			
选择基准时考虑的因素			
计算的财务报表整体的重要性			—
确定的财务报表整体的重要性			—
选择此分析方法的原因			
二、实际执行的重要性(可容忍错报)			
占重要性的比例			
实际执行的重要性			—
项　目		金　额	说　明
三、特定类别的交易、账户余额或披露的一个或多个重要性水平			
是否存在特定类别的交易、账户余额或披露,其发生的错报金额虽然低于财务报表整体的重要性,但合理预期可能影响财务报表使用者依据财务报表做出的经济决策?			是/否

续表

如是，完成以下内容：

交易、账户余额或披露	较低的重要性水平	较低的实际执行的重要性水平	考虑的因素

四、明显微小错报的临界值

比率(%)	明显微小错报的临界值	说明

五、修改重要性

1. 修改财务报表整体的重要性

最初确定的财务报表整体的重要性	修改后的报表整体重要性	说明

2. 修改特定类别的交易、账户余额或披露的重要性水平

交易、账户余额或披露	最初确定的特定类别的交易、账户余额或披露的重要性水平	修改后的特定类别的交易、账户余额或披露的重要性水平	说明

3. 修改财务报表整体的实际执行的重要性

最初确定的报表整体实际执行的重要性	修改后的报表整体实际执行的重要性	说明

4. 修改特定类别的交易、账户余额或披露的实际执行的重要性

交易、账户余额或披露	最初确定的特定类别的交易、账户余额或披露的实际执行的重要性水平	修改后的特定类别的交易、账户余额或披露的实际执行的重要性水平	说明

六、修改重要性对之前确定的进一步审计程序的性质、时间安排和范围的影响

二、趋势分析

趋势分析表不仅可以分析本年的趋势变化，还可以在导入多年的账套时进行多年的趋势分析。

选择"测试分析/趋势分析表(未审)或(已审)/趋势分析表多年(未审)或(已审)"菜单，或者在系统主界面的功能区窗口点击"计划阶段"的【趋势分析表】，打开"趋势分析表"窗口(如图6－1所示)。

趋势分析表窗口中包含资产负债表趋势分析表和利润表趋势分析表两张表页。趋势分析表是由审计系统自动生成的，可以直接看到分析数据。

报警比例需要审计人员根据职业判断确定，当指标超过报警比例时，则用红色报警。

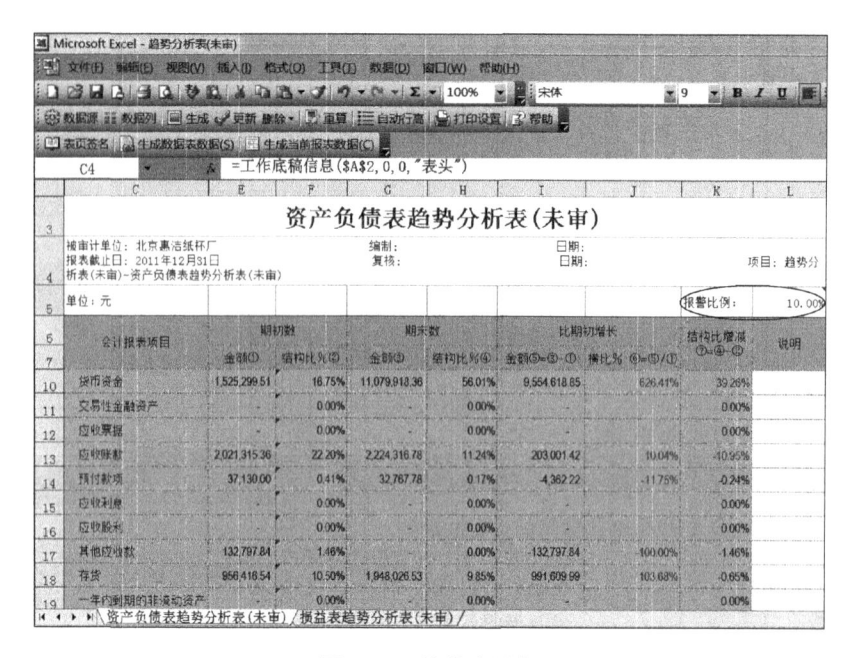

图 6-1　趋势分析表

三、财务分析

财务分析表不仅可以分析本年的财务状况,还可以在输入多年的账套时进行多年的财务状况分析。

选择"测试分析/财务分析表(未审)或(已审)/财务分析表多年(未审)或(已审)"菜单,或者系统主界面的功能区点击"计划阶段"的【财务分析表】,打开财务分析表(如图 6-2 所示)。

图 6-2　财务分析表

财务分析表窗口中包含财务分析表和数据表两张表页。财务分析表是由审计系统自动生成的,数据表主要用于取得报表项目的数据,并根据这些数据设置财务分析公式。

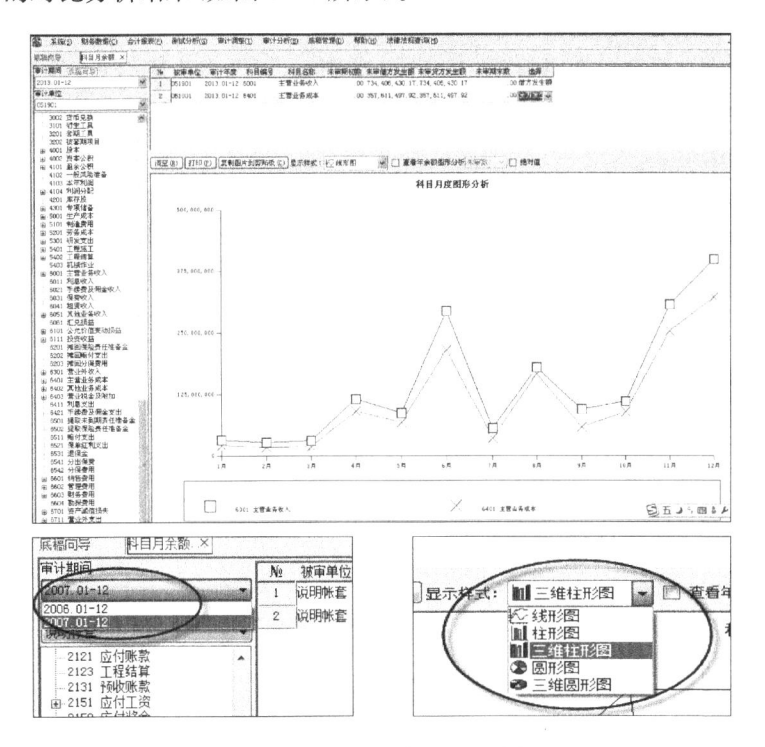

四、科目月余额图形分析

科目月余额图形分析是以图形的方式,在同一年度不同科目之间,不同科目不同年度之间,按月对比月初余额、月借方发生额、月贷方发生额或月末余额,例如,对比主营业务收入的贷方发生额和主营业务成本的借方发生额各月之间的差异,对比 20×1 年的主营业务收入与 20×2 年的主营业务收入各月之间的差异。

【例 6-1】 对比主营业务收入的贷方发生额和主营业务成本的借方发生额各月之间的差异。

操作步骤如下:

(1)选择"测试分析/科目月余额图形分析"菜单,系统弹出"科目月余额图形分析"窗口,或者在系统操作主界面功能区的计划阶段点击【科目月余额图形分析】。

(2)在"科目月余额图形分析"窗口左边"科目树"选择"主营业务收入"科目,将其拖拽到右上方的窗体。

(3)点击"选择"列下方的单元格,在"期初数""借方发生额""贷方发生额"和"期末数"四种数据类型中选择"贷方发生额",系统自动添加"主营业务收入"科目的贷方数据,并在右下方窗体中显示图形。

(4)点击"显示样式"下拉列表,选择各种显示图形,如线形图、柱形图、圆形图等。

(5)重复上述第(2)、(3)、(4)步骤操作,在"科目月余额图形分析"窗口左边"科目树"选择"主营业务成本"科目,拖拽"主营业务成本"科目到右上方窗体,选择"借方发生额",于是主营业务成本的借方发生额数据也以图形的方式显示在右下方,从而直观地呈现主营业务收入与主营业务成本的对比分析结果(如图 6-3 所示)。

图 6-3 科目月余额图形分析

五、相关搜索

相关搜索也称交叉索引,执行这一命令,将提供某一科目或某些科目在凭证中的对应科目有哪些,以及对应科目的借方发生额合计、贷方发生额合计。"相关搜索"更适用于科目之间存在唯一对应关系的检验。

【例 6-2】 用"相关搜索"分析"累计折旧"的对应科目"制造费用/折旧费"。

操作步骤如下:

(1)选择"测试分析"下"相关搜索"(如图 6-4 所示),打开"相关搜索"窗口。

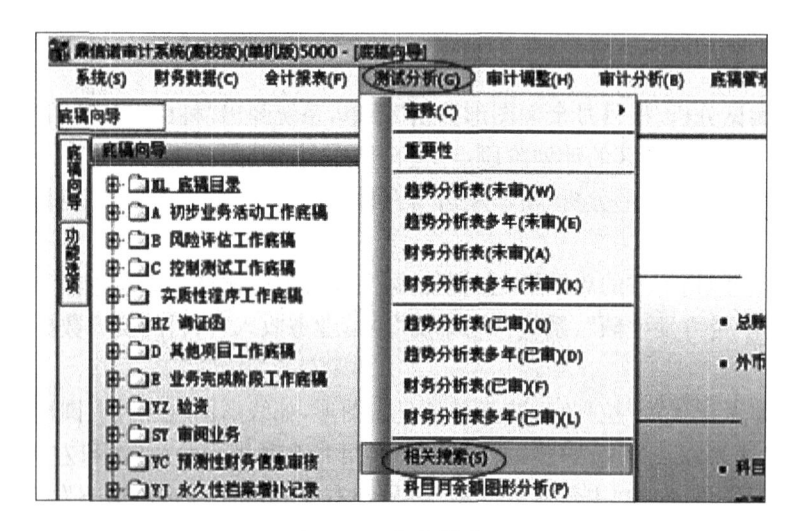

图 6-4 相关搜索 1

(2)在"相关搜索"左侧窗口中"选择"列上打"√",可以选择一个或多个科目,然后点击【搜索】按钮,右侧搜索结果窗口即可显示相关科目有哪些,以及发生额合计、凭证张数。选择"累计折旧"进行搜索,在右侧窗口查看累计折旧科目与哪些科目相关、相关科目的金额以及凭证数量,如图 6-5 所示。

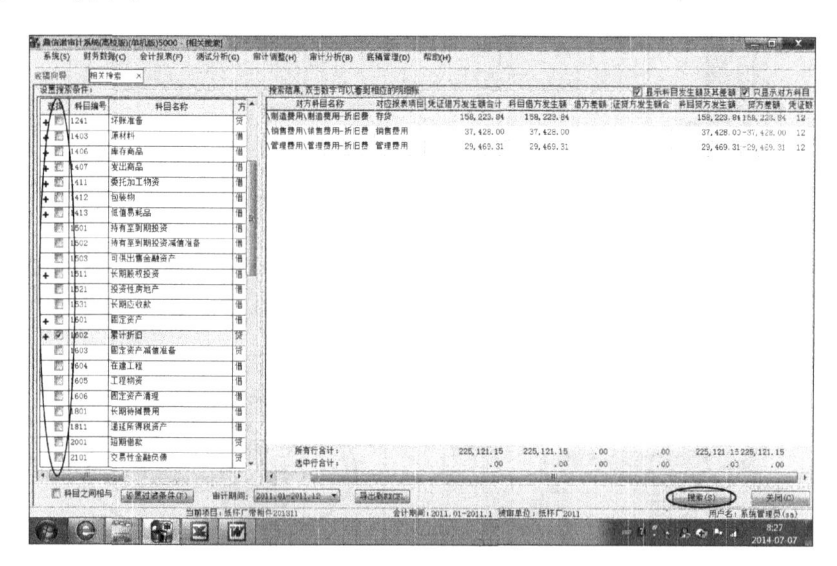

图 6-5 相关搜索 2

(3)进行分析。凭证借方发生额合计是对借记"制造费用——折旧费"同时贷记"累计折旧"的凭证进行汇总,科目借方发生额合计是对所有借记"制造费用——折旧费"的汇总,而无论是否贷记"累计折旧"。因此,科目发生额合计应大于或等于凭证发生额合计。对于"制造费用——折旧费"而言,其与贷记"累计折旧"的对应是唯一的,所以其科目借方发生额合计与凭证借方发生额合计应相等。如果有差额,就说明"制造费用——折旧费"有来自非折旧的项目记入,存在错报,应查明原因。

至于凭证贷方发生额合计,是对贷记"制造费用——折旧费"且同时借记"累计折旧"的凭证进行汇总(事实上,这种情况是不存在的,即发生额为0),而科目贷方发生额合计只要是贷记"制造费用——折旧费"就进行汇总,当结转制造费用时,"制造费用——折旧费"的贷方发生额是存在的,因此,科目贷方发生额合计与凭证贷方发生额合计有差额是正常现象。

(4)查看明细账。双击右侧窗口列示出的"制造费用——折旧"的任一金额数据,即可查看"制造费用——折旧"明细账。

第二节 审计分析

一、余额方向校对

余额方向校对是分析科目中余额为负数,或者反方向为正数的科目。程序将自动列示余额异常分类及非正常月份、余额等信息(如图6—6所示)。

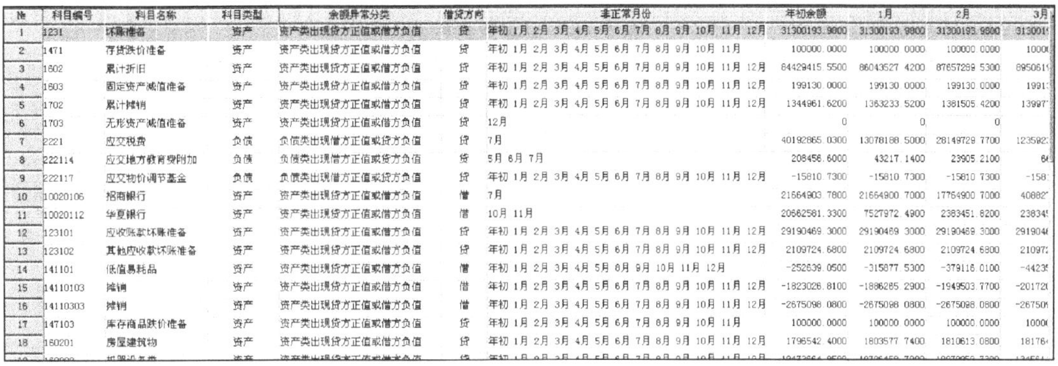

№	科目编号	科目名称	科目类型	余额异常分类	借贷方向	非正常月份	年初余额	1月	2月	3月
1	1231	坏账准备	资产	资产类出现贷方正值或借方负值	贷	年初 1月 2月 3月 4月 5月 6月 7月 8月 9月 10月 11月 12月	31300193.9800	31300193.9800	31300193.9800	313001
2	1471	存货跌价准备	资产	资产类出现贷方正值或借方负值	贷	年初 1月 2月 3月 4月 5月 6月 7月 8月 9月 10月 11月	100000.0000	100000.0000	100000.0000	1000
3	1602	累计折旧	资产	资产类出现贷方正值或借方负值	贷	年初 1月 2月 3月 4月 5月 6月 7月 8月 9月 10月 11月 12月	84429415.5500	86043527.4200	87657289.5300	8950611
4	1603	固定资产减值准备	资产	资产类出现贷方正值或借方负值	贷	年初 1月 2月 3月 4月 5月 6月 7月 8月 9月 10月 11月 12月	199130.0000	199130.0000	199130.0000	1991
5	1702	累计摊销	资产	资产类出现贷方正值或借方负值	贷	年初 1月 2月 3月 4月 5月 6月 7月 8月 9月 10月 11月 12月	1344961.6200	1363233.5200	1381505.4200	13997
6	1703	无形资产减值准备	资产	资产类出现贷方正值或借方负值	贷	12月	0	0	0	
7	2221	应交税费	负债	负债类出现借方正值或贷方负值	贷	7月	40192865.0300	13078188.5000	28149729.7700	123592
8	222114	应交地方教育费附加	负债	负债类出现借方正值或贷方负值	贷	5月 6月 7月	208456.6000	43217.1400	23905.2100	6
9	222117	应交物价调节基金	负债	负债类出现借方正值或贷方负值	贷	年初 1月 2月 3月 4月 5月 6月 7月 8月 9月 10月 11月 12月	-15810.7300	-15810.7300	-15810.7300	-158
10	10020106	招商银行	资产	资产类出现贷方正值或借方负值	借	7月	21664903.7800	21664900.7000	17764900.7000	40882
11	10020112	华夏银行	资产	资产类出现贷方正值或借方负值	借	10月 11月	20682581.3300	7527972.4900	2383451.8200	23834
12	123101	应收账款坏账准备	资产	资产类出现贷方正值或借方负值	贷	年初 1月 2月 3月 4月 5月 6月 7月 8月 9月 10月 11月 12月	29190469.3000	29190469.3000	29190469.3000	291904
13	123102	其他应收款坏账准备	资产	资产类出现贷方正值或借方负值	贷	年初 1月 2月 3月 4月 5月 6月 7月 8月 9月 10月 11月 12月	2109724.6800	2109724.6800	2109724.6800	21097
14	141101	低值易耗品	资产	资产类出现贷方正值或借方负值	借	年初 1月 2月 3月 4月 5月 8月 9月 10月 11月 12月	-252639.0500	-315877.5300	-379116.0100	-4423
15	14110103	摊销	资产	资产类出现贷方正值或借方负值	借	年初 1月 2月 3月 4月 5月 6月 7月 8月 9月 10月 11月 12月	-1823026.8100	-1886265.2900	-1949503.7700	-20172
16	14110303	摊销	资产	资产类出现贷方正值或借方负值	借	年初 1月 2月 3月 4月 5月 6月 7月 8月 9月 10月 11月 12月	-2675098.0800	-2675098.0800	-2675098.0800	-26750
17	147103	库存商品跌价准备	资产	资产类出现贷方正值或借方负值	贷	年初 1月 2月 3月 4月 5月 6月 7月 8月 9月 10月 11月	100000.0000	100000.0000	100000.0000	1000
18	160201	房屋建筑物	资产	资产类出现贷方正值或借方负值	贷	年初 1月 2月 3月 4月 5月 6月 7月 8月 9月 10月 11月 12月	1796542.4000	1803577.7400	1810613.0800	18176

图6—6 余额方向校对

二、科目对冲检查

科目对冲检查是分析发生额出现负数的凭证,既可以选择全部科目分析,也可以自定义选择某个科目分析。如图6—7所示,系统将贷方发生额有一笔负数记录的1051号凭证过滤并显示出来,审计人员运用职业判断分析其是否异常。

图 6-7 科目对冲检查

三、重复业务检查

重复业务检查是分析某个科目同一天发生次数超过限定次数的记账信息,如图 6-8 所示。

图 6-8 重复业务检查

四、疑点分析

疑点分析是以凭证摘要为分析内容,通过设置可疑关键字,分析过滤出现疑点的凭证,操作步骤如图 6-9 所示。

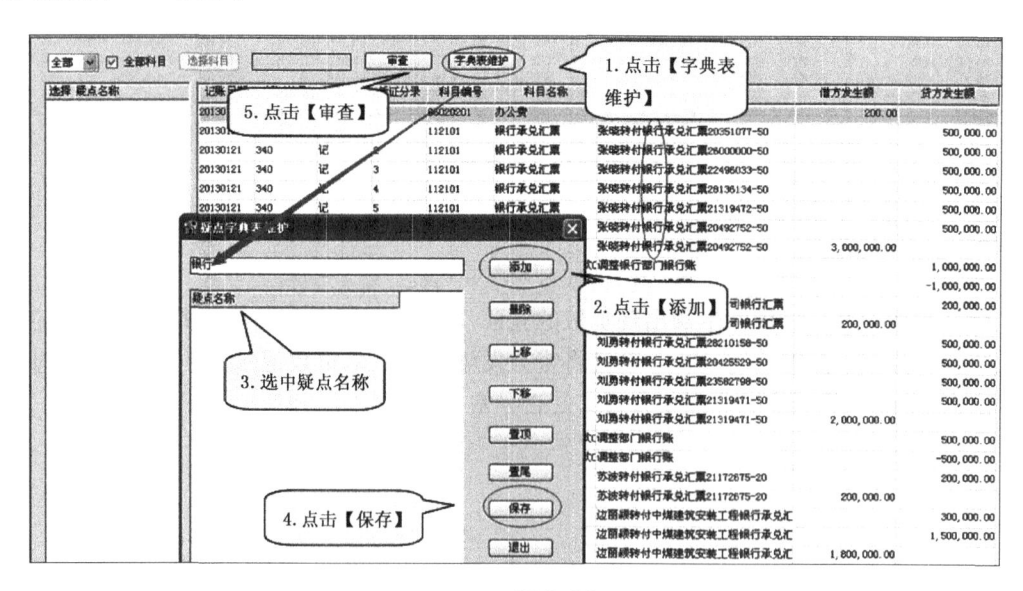

图 6-9 疑点分析

五、单科目分析

(一)摘要汇总

摘要汇总是分析某个科目的业务摘要，在一段时间内出现的具体频率以及借方与贷方发生额、比重信息，如图 6—10 所示。

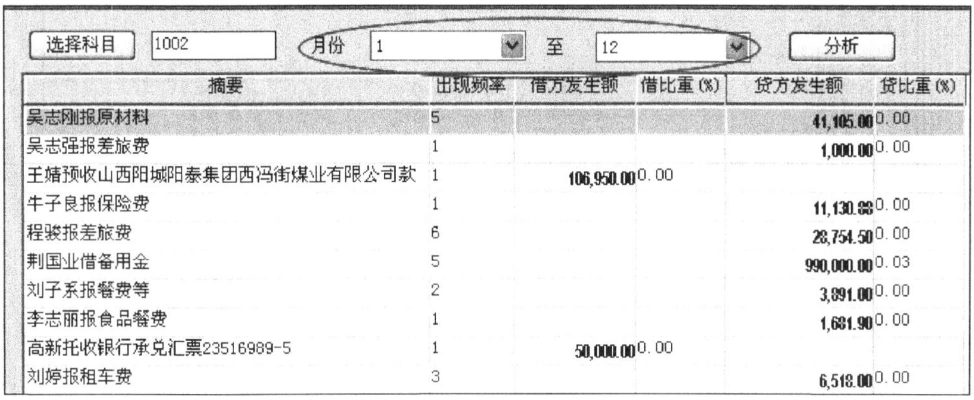

摘要	出现频率	借方发生额	借比重(%)	贷方发生额	贷比重(%)
吴志刚报原材料	5			41,105.00	0.00
吴志强报差旅费	1			1,000.00	0.00
王婧预收山西阳城阳泰集团西冯街煤业有限公司款	1	106,950.00	0.00		
牛子良报保险费	1			11,130.88	0.00
程骏报差旅费	6			28,754.50	0.00
荆国业借备用金	5			990,000.00	0.03
刘子系报餐费等	2			3,891.00	0.00
李志丽报食品餐费	1			1,681.90	0.00
高新托收银行承兑汇票23516989-5	1	50,000.00	0.00		
刘婷报租车费	3			6,518.00	0.00

图 6—10　摘要汇总

(二)科目对比

科目对比是设定两个基准科目，对比两个科目各个月的发生额，如图 6—11 所示。

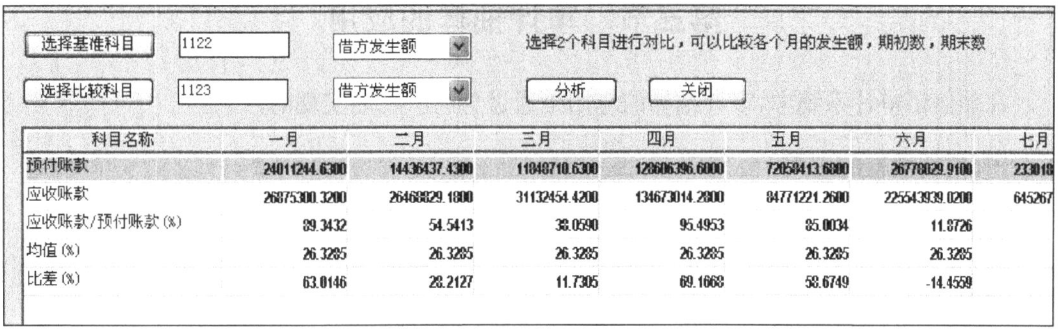

科目名称	一月	二月	三月	四月	五月	六月	七月
预付账款	24011244.6300	14436437.4300	11848710.6300	128606396.6000	72058413.6800	26778029.9100	233018
应收账款	26875300.3200	26468829.1800	31132454.4200	134673014.2800	84771221.2600	225543939.0200	645267
应收账款/预付账款(%)	89.3432	54.5413	38.0590	95.4953	85.0034	11.8726	
均值(%)	26.3285	26.3285	26.3285	26.3285	26.3285	26.3285	
比差(%)	63.0146	28.2127	11.7305	69.1668	58.6749	-14.4559	

图 6—11　科目对比

(三)科目结构

科目结构是分析某个科目的下级科目的组成结构，即科目余额比重分析，以图形的方式显示某一个明细科目的数据在总账科目的数据之和中所占的比重。其操作方法与“科目月余额图形分析”操作方法相同，只需要将总账科目拖拽到右侧上方窗体，并在下拉列表中进行分析数据类型的选择。例如，若想知道各具体材料占原材料的比重，则只需把科目编号 1403(原材料)通过拖拽方式移到右边，即能显示各种原材料所占的比重(如图 6—12 所示)。

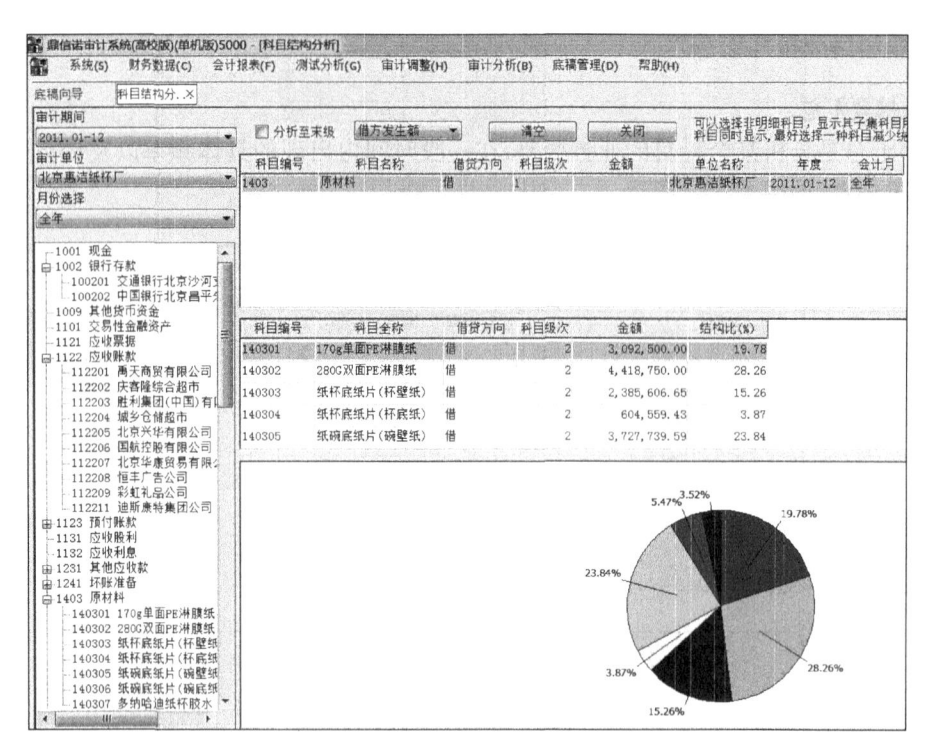

图 6—12 科目结构

第三节 审计抽样的应用

在鼎信诺审计系统中,审计抽样的应用是通过"抽凭"功能实现的。

一、判断抽样的应用

在鼎信诺审计系统中,判断抽样的应用体现为"手工抽凭"操作。

(1)选择"财务数据"菜单下的"总账&明细账",或者在系统操作主界面功能区准备阶段点击【总账&明细账】,打开"总账&明细账"窗口。

(2)双击总账进入明细账,在明细账浏览凭证时,如果发现有疑点凭证,想抽出执行检查程序,则单击在该条记录前面的"抽"字(如图 6—13 所示)。

图 6—13 手工抽凭 1

(3)系统弹出"抽样方案"对话框,选择恰当的抽样方案(如图 6—14 所示)。

在这个对话框中可以通过选择"全部方案""与当前科目相关"来进行方案的过滤,如果过滤出的方案没有所需要的方案,还可添加抽样方案。

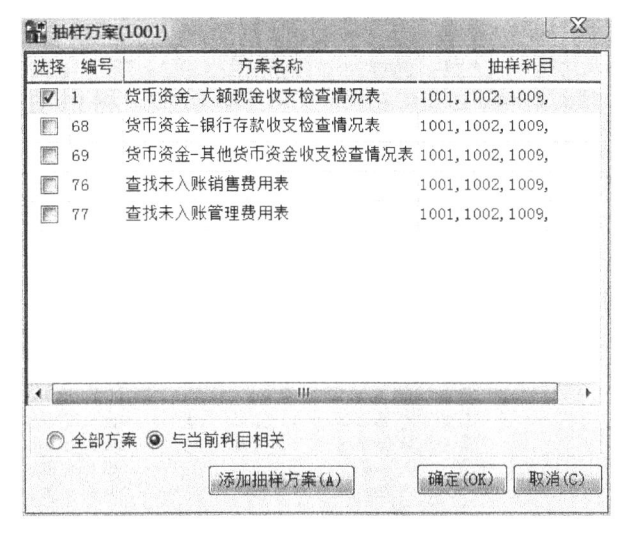

图 6—14　手工抽凭 2

(4)选择好抽样方案后,相应的"抽"字处会打上"√",审计人员在相应的实质性程序工作底稿中就可以看到所关注的有疑点的凭证(如图 6—15 所示)。

图 6—15　手工抽凭 3

二、数理统计抽样的应用

数理统计抽样需要在抽凭窗口完成。

(一)打开抽凭窗口的方式

(1)在"总账 & 明细账"窗口的总账界面或明细账界面,点击【凭证抽凭】按钮(如图 6—16 所示),打开抽凭窗口(如图 6—18 所示)。

图 6－16　总账 & 明细账/凭证抽凭

（2）选择"测试分析"菜单下的"凭证抽凭"，系统弹出"抽样方案"窗口（如图 6－17 所示）。在"抽样方案"窗口，双击要选择的抽样科目，然后点击【保存】按钮，再点击【开始抽样】按钮，即打开抽凭窗口（如图 6－18 所示）。

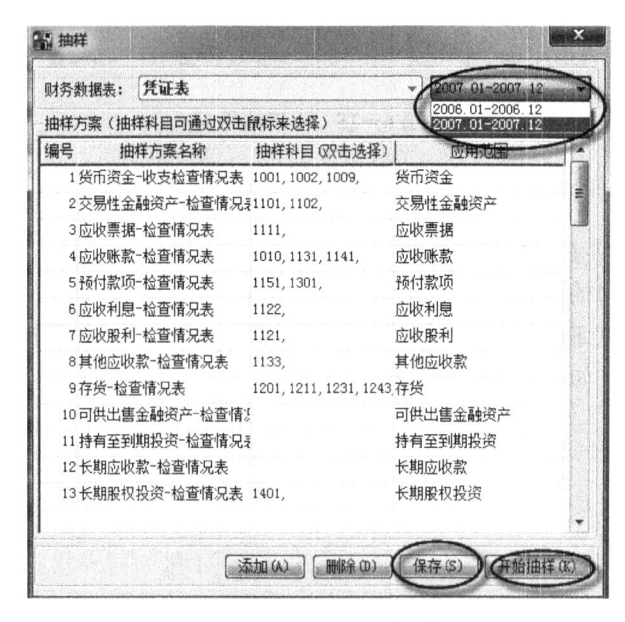

图 6－17　测试分析/凭证抽凭的"抽样方案"窗口

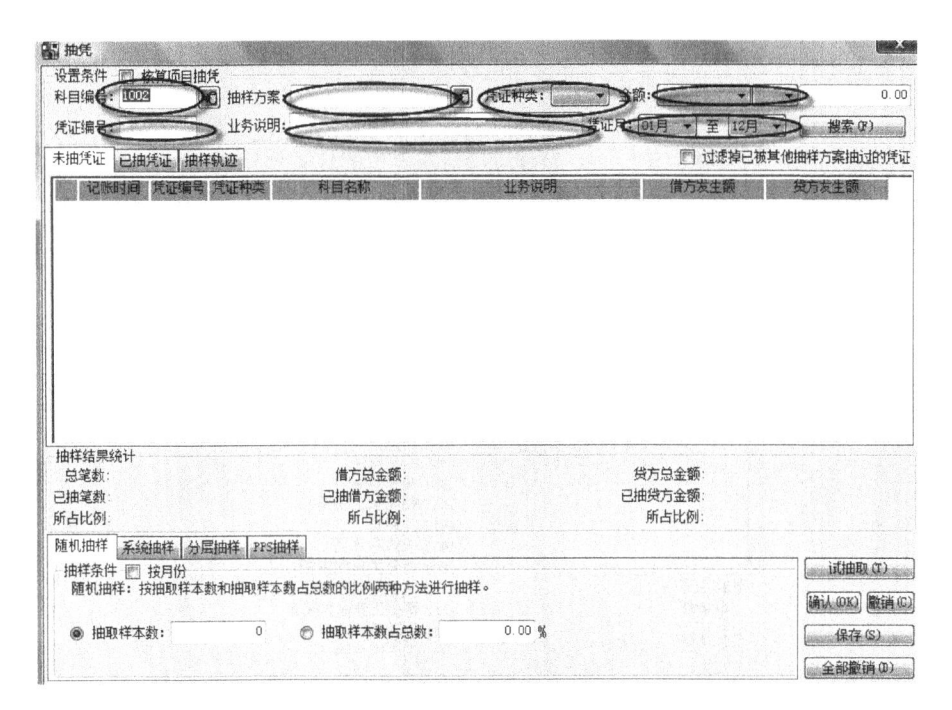

图 6—18 抽凭窗口

不同的"财务数据表"对应不同的"抽样方案"。一个抽样方案包括抽样方案名称、抽样涉及的科目、应用范围。

"应用范围"在导入、导出底稿时发挥作用。例如,A、B 两个审计人员分工做同一个审计项目,A 负责资产类底稿编制,B 负责其他工作。A 完成底稿编制工作后,利用"底稿管理/导出底稿"将自己的项目导出(导出的文件类型为扩展名是 *.sjt 的文件),然后再将这个扩展名是 *.sjt 的文件拷贝给 B。B 通过"底稿管理/导入底稿"将此文件导入自己的项目中,此时 B 的电脑中的项目就成了一个完整的审计项目。假设 A 保存了"货币资金——收支检查情况表"抽样方案,如果 A 没有选择"应用范围"中的货币资金,在把底稿导给 B 后,完整的项目中将不会包含此抽样方案;但如果 A 选择了"应用范围"中的货币资金,在把底稿导给 B 后,完整的项目中则包含此抽样方案。

在抽凭窗口,首先需要设置过滤条件,确定选样总体。在设置的过滤条件中,科目编号与抽样方案为必选项,其余如凭证种类、金额、业务说明、凭证月份等项目可由审计人员职业判断决定选取与否及如何选取。

(二)统计抽凭的步骤

【例 6—3】 在全年的库存现金日记账中用随机抽样方式抽取 15 笔记录进行检查。

操作步骤如下:

(1)打开"抽凭"窗口(如图 6—18 所示)。

(2)在"抽凭"窗口选择科目编号 1001,点击【确定】按钮(如图 6—19 所示)。

图 6—19　选择科目编号

（3）系统弹出"抽样方案"窗口，选择"货币资金——大额现金收支检查情况表"，点击【确定】按钮（如图 6—20 所示）。

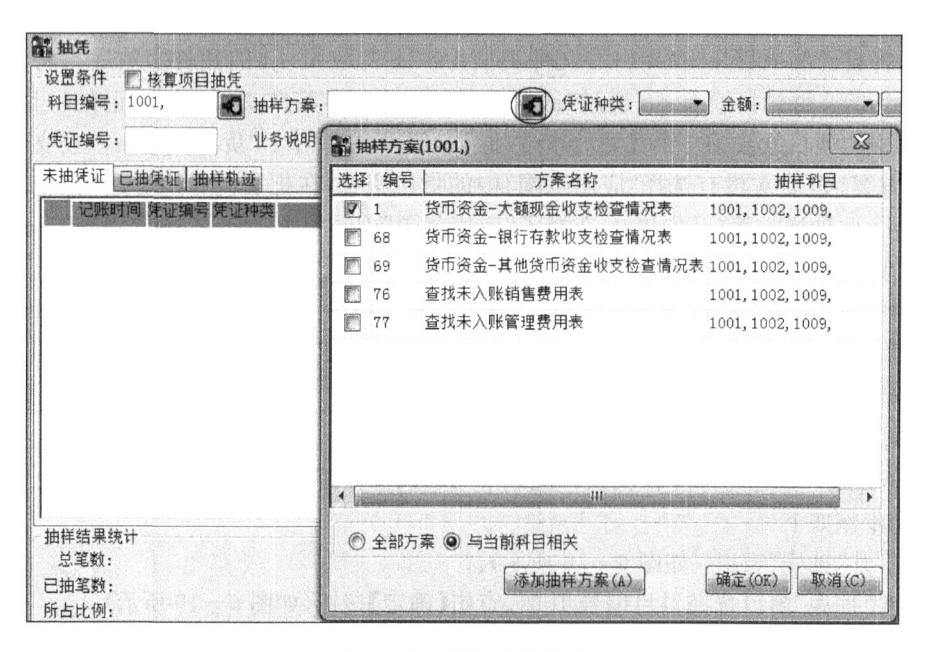

图 6—20　选择抽样方案

（4）点击【搜索】按钮，系统列示出所有满足条件的未抽凭证，共 197 笔（如图 6—21 所示）。

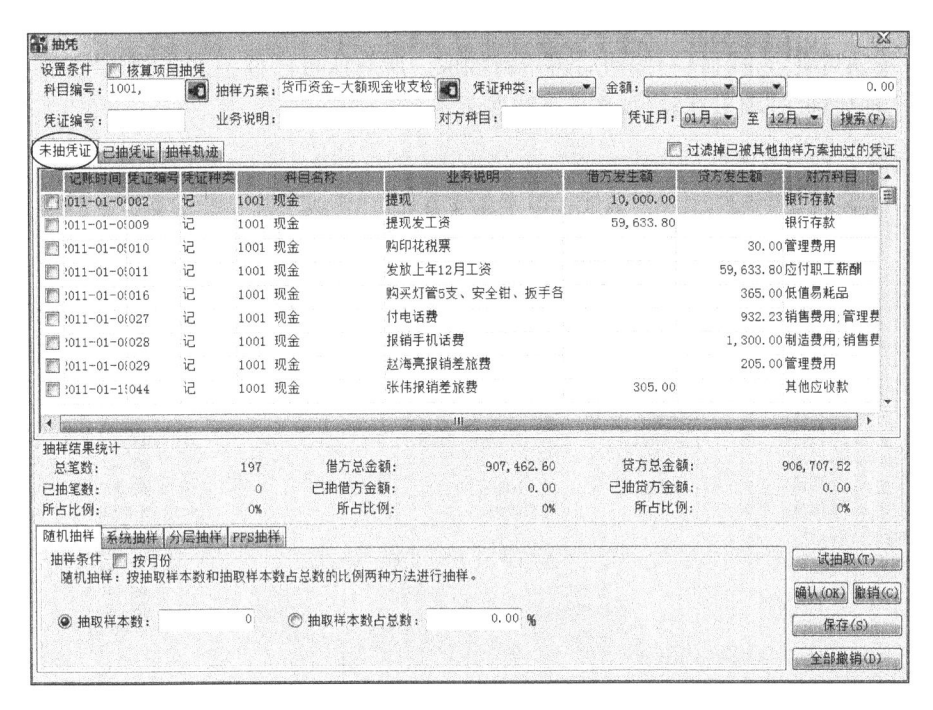

图 6—21 未抽凭证

（5）选择抽样条件。选择"抽取样本数"，在输入框输入"15"，点击【试抽取】按钮，系统随机抽取 15 笔记录，并在抽中的记录前面自动打"√"（如图 6—22 所示）。

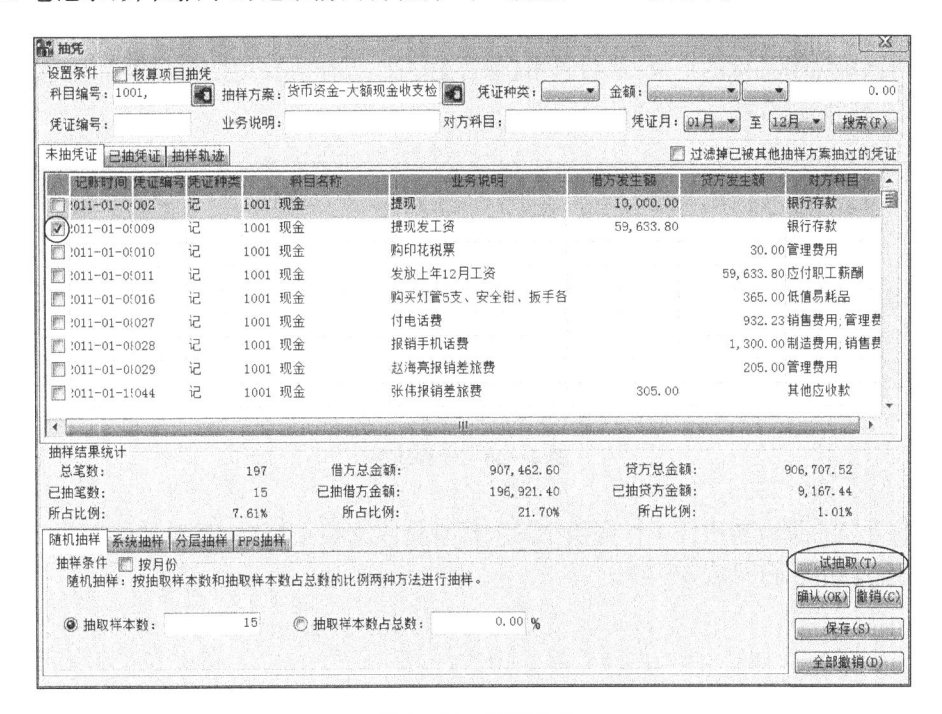

图 6—22 抽取样本

(6)浏览查看系统抽取的记录,如果认可所抽取的数据则点击【确认】按钮,如果对系统抽取的记录不认可则点击【撤销】按钮后再重新抽取。所有认可已抽记录将列入"已抽凭证"中,可点击"已抽凭证"选项卡查看(如图6—23所示)。

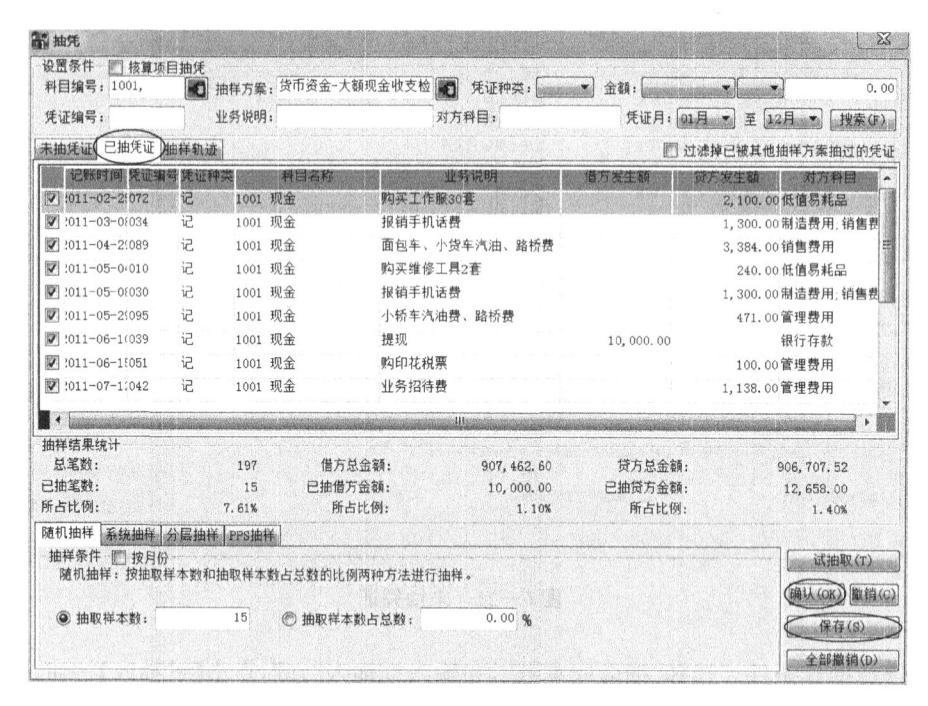

图6—23 确认抽取样本

(7)再次确认所抽取的记录,最后点击【保存】按钮,所有抽取凭证记录变为蓝色字体。系统将记录抽样轨迹(如图6—24所示)。

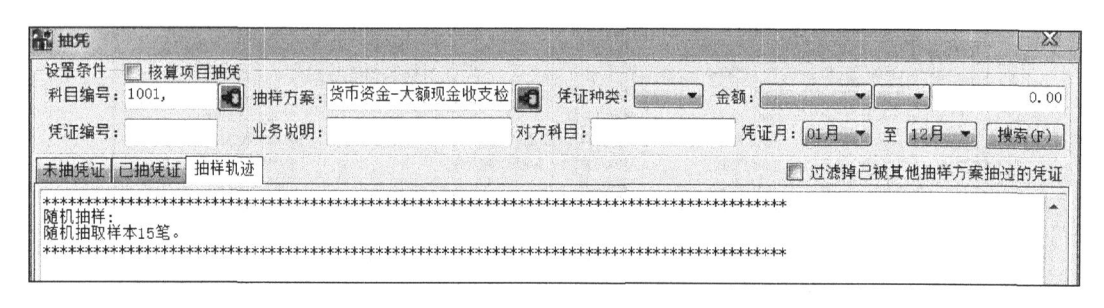

图6—24 抽样轨迹

(8)打开货币资金实质性工作底稿中的大额现金收支检查情况表,对抽取的这15笔记录进行追查至原始凭证(见表6—2)。

表6—2　　　　　　　　　　　　　　大额现金收支检查情况表

日期	凭证种类	凭证编号	业务内容	明细科目	对方科目	金额(元) 借方	金额(元) 贷方	核对内容 1	2	3	4	5
20×1—2—25	记	72	购买工作服30套	现金	低值易耗品	—	2 100.00					
20×1—3—8	记	34	报销手机话费	现金	制造费用、销售费用、管理费用	—	1 300.00					
20×1—4—29	记	89	面包车、小货车汽油、路桥费	现金	销售费用	—	3 384.00					
20×1—5—4	记	10	购买维修工具2套	现金	低值易耗品	—	240.00					
20×1—5—8	记	30	报销手机话费	现金	制造费用、销售费用、管理费用	—	1 300.00					
20×1—5—29	记	95	小轿车汽油费、路桥费	现金	管理费用	—	471.00					
20×1—6—10	记	39	提现	现金	银行存款	10 000.00	—					
20×1—6—15	记	51	购印花税票	现金	管理费用	—	100.00					
20×1—7—12	记	42	业务招待费	现金	管理费用	—	1 138.00					
20×1—8—18	记	46	面包车检车费	现金	销售费用	—	175.00					
20×1—8—24	记	68	张伟出差借款	现金	其他应收款	—	1 000.00					
20×1—9—23	记	74	付邮政费	现金	管理费用	—	88.00					
20×1—10—8	记	21	郑悦出差借款	现金	其他应收款	—	500.00					
20×1—10—29	记	89	小轿车汽油费、路桥费	现金	管理费用	—	662.00					
20×1—12—20	记	56	财务部购买图书	现金	应付职工薪酬	—	200.00					

抽样轨迹说明：

＊＊＊＊＊＊＊＊＊＊＊＊＊＊＊＊＊＊＊＊＊＊＊＊＊＊＊

随机抽样：
随机抽取样本15笔。

＊＊＊＊＊＊＊＊＊＊＊＊＊＊＊＊＊＊＊＊＊＊＊＊＊＊＊

(三)撤销样本

【例6—4】 应收账款实质性工作底稿中的应收账款检查情况表中已生成10张已抽取的凭证记录(见表6—3)。现要删除应收账款检查情况表中1～6月份的已抽凭证。

表6—3　　　　　　　　　　　　　　应收账款检查情况表

日期	凭证种类	凭证编号	业务内容	明细科目	对方科目	金额(元) 借方	金额(元) 贷方	备注 1	2	3	4
20×1—2—11	记	36	销售产品	应收账款——恒丰广告公司	应交税费、主营业务收入	35 100.00	—				
20×1—6—7	记	28	销售产品	应收账款——北京华康贸易有限公司	应交税费、主营业务收入	163 800.00	—				
20×1—6—12	记	45	销售产品	应收账款——彩虹礼品公司	应交税费、主营业务收入	67 860.00	—				
20×1—6—17	记	58	收到国航货款	应收账款——国航控股有限公司	银行存款	—	288 762.50				
20×1—7—20	记	62	收到庆客隆货款	应收账款——庆客隆综合超市	银行存款	—	159 155.00				

续表

日期	凭证种类	凭证编号	业务内容	明细科目	对方科目	金额(元) 借方	金额(元) 贷方	备注 1	2	3	4
20×1-8-6	记	17	收到禹天商贸货款	应收账款——禹天商贸有限公司	银行存款	—	185 435.00				
20×1-9-12	记	41	销售产品	应收账款——城乡仓储超市	应交税费、主营业务收入	189 540.00	—				
20×1-10-15	记	52	销售产品	应收账款——胜利集团(中国)有限公司	应交税费、主营业务收入	160 290.00	—				
20×1-12-6	记	29	销售产品	应收账款——城乡仓储超市	应交税费、主营业务收入	156 780.00	—				
20×1-12-27	记	87	收到北京兴华货款	应收账款——北京兴华有限公司	银行存款	—	201 513.00				

操作步骤(如图6-25所示)如下:

(1)打开"抽凭"窗口,选择抽样方案"应收账款——检查情况表",点击【搜索】。

(2)点击"已抽凭证"选项卡。

(3)在"已抽凭证"界面,把需要删除的1～6月份凭证记录前面的选择框内的"√"去掉,共去掉4笔(在窗体的"抽样结果统计"区中"已抽笔数"变成"6")。

(4)点击【确认】,再点击【保存】。

如果要将该科目全部抽凭信息都删除,点击【全部撤销】,再点击【保存】。

(5)打开"应收账款检查情况表"底稿,点击鼎信诺审计"加载项"中的【删除当前表数据源】,即将原抽取的1～6月份的凭证记录删除。

(6)点击【生成当前表数据】,生成最新的抽样记录,追查相关原始凭证。

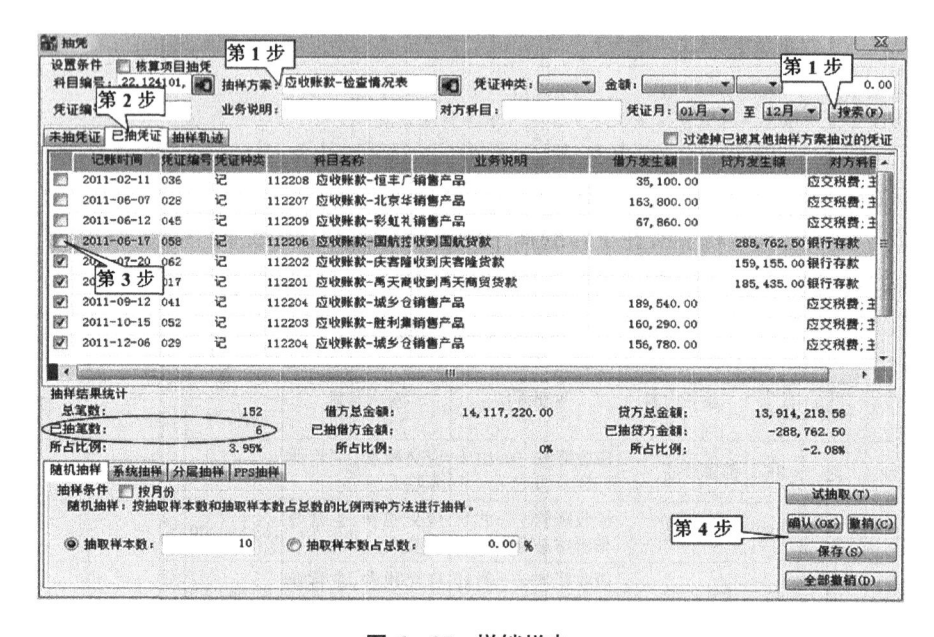

图6-25 撤销样本

【实训一】

资料：

第四章操作完成的"学生项目"。

要求：

1. 选择"库存商品"进行科目结构分析。
2. 选择"管理费用"进行科目结构分析。

【实训二】

资料：

第四章操作完成的"学生项目"。

要求：

1. 选择"库存现金"进行科目摘要汇总分析。
2. 选择"主营业务收入"进行科目摘要汇总分析。

【实训三】

资料：

第五章操作完成的"学生项目"。

要求：

1. 针对管理费用，在6～12月份借方大于1 000元的交易中手工选取5笔大额交易，再随机选50%，然后撤销一些样本，保留金额由大到小前5笔记录，再用系统抽样抽取3笔。之后在"管理费用——检查情况表"生成已抽凭证，追查原始凭证。

2. 针对管理费用在借方记录中随机选取10笔，然后撤销6月份及以前的记录，再运用系统抽样选取8笔，然后追查相关原始凭证。

3. 针对管理费用，在借方金额大于600元的交易中用系统抽样选取10笔记录，并在"管理费用——检查情况表"中生成已抽凭证，然后撤销6笔（保留大额记录），再随机选样5笔，追查原始凭证。

第七章 审计工作底稿的管理与编制

第一节 底稿管理

审计工作底稿运行在 Excel 环境中。

一、打开底稿的方式

(一)打开实质性程序底稿的方式

在鼎信诺审计系统中,打开实质性程序底稿有四种方式:

1. 通过菜单"底稿管理/打开底稿"打开

选择"底稿管理/打开底稿"菜单,系统弹出"实质性程序底稿"窗口。双击要打开的工作底稿,或者在要打开的底稿项目前的选择框中打"√",然后点击【打开】按钮。如果一次要打开多张工作底稿,则选择要打开的各底稿项目,然后点击【打开】按钮(如图 7－1 所示)。

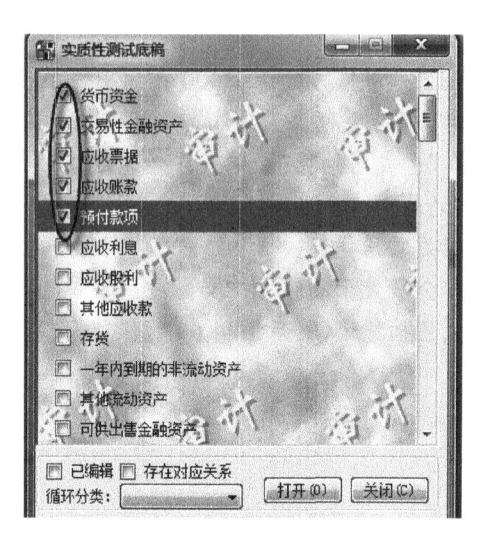

图 7－1 实质性程序底稿

> **注意:**
> 必须先生成未审会计报表,才能够在这个窗口的底稿列表中看到相关报表项目名称。
> 在这个窗口,勾选"已编辑",显示已打开过的实质性底稿;勾选"存在对应关系",显示在未审会计报表中已建立对应关系的报表项目的工作底稿;还可以按照业务循环过滤各业务循环所属的底稿。

2.通过"报表项目右键"打开

在"未审会计报表""试算平衡表"或"已审会计报表"窗口中选中要打开的底稿对应的报表项目,点击鼠标右键,在弹出的菜单中选择"打开底稿"。

3.通过"底稿向导"打开

在系统主界面左侧"底稿向导"窗口,点击展开"实质性底稿",然后选中下面所列的想要打开的底稿双击。在"底稿向导"窗口还可以通过右键功能对底稿进行插入、添加、删除、修改、重读与刷新,如图7-2所示。

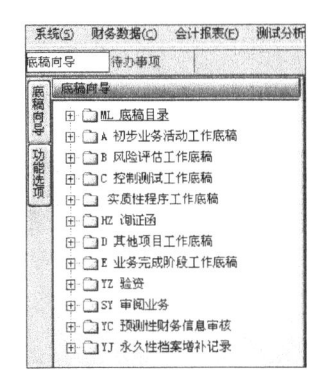

图7-2 底稿向导

其中,"重读"底稿是从模板目录拷贝全新的底稿,覆盖原来已做过的底稿(底稿重读后,手工录入的信息会丢失);"刷新"是对 Word 文档底稿进行刷新内容。

4.通过"系统/待办事项"子菜单打开

在"系统/待办事项"子菜单中的"底稿分工复核"窗口,双击底稿项目可打开相应底稿。

(二)打开其他底稿的方式

上述第三种和第四种方法还可以打开实质性程序工作底稿以外的其他底稿。

二、设置底稿权限

选择"底稿管理/设置底稿权限"子菜单,系统弹出"设置底稿权限"窗口(如图7-3所示)。

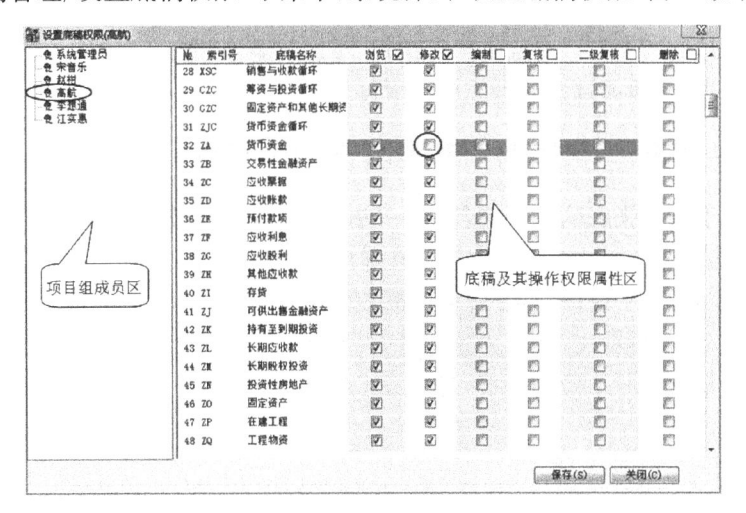

图7-3 设置底稿权限

这一功能可与“系统/待办事项/底稿分工复核”配合使用。

【例 7—1】 限制项目组成员高航修改货币资金实质性程序工作底稿。

操作步骤如下：

首先，用系统管理员身份登录该项目，打开“设置底稿权限”窗口。

然后，选中左侧的项目组成员高航，在右侧“货币资金”底稿行“修改”列交汇的单元格中，将“√”去掉。

最后，点击【保存】按钮。

三、底稿项目维护

选择“底稿管理/底稿项目维护”子菜单，系统弹出“底稿项目维护”窗口(如图 7—4 所示)。

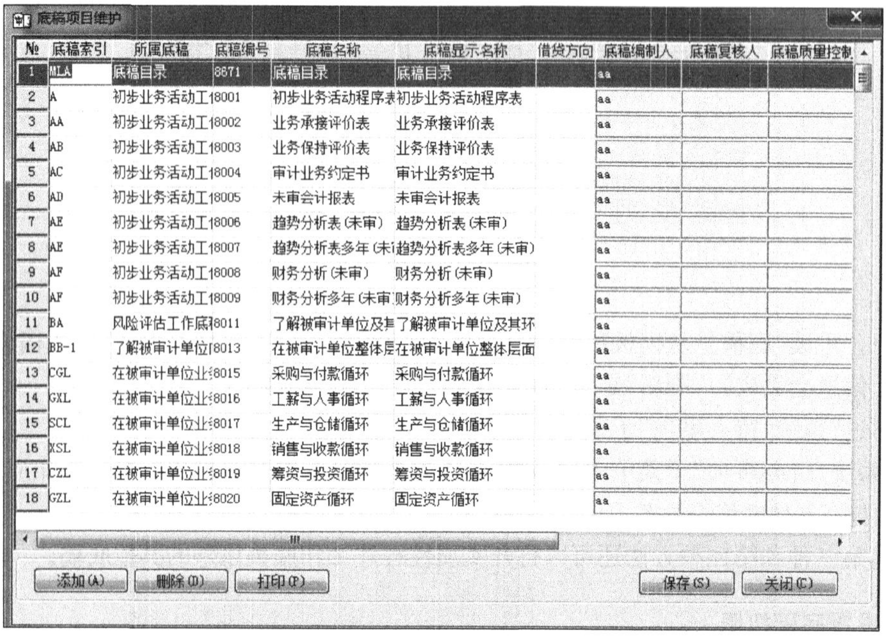

№	底稿索引	所属底稿	底稿编号	底稿名称	底稿显示名称	借贷方向	底稿编制人	底稿复核人	底稿质量控制
1	MLA	底稿目录	8671	底稿目录	底稿目录		aa		
2	A	初步业务活动工	8001	初步业务活动程序表	初步业务活动程序表		aa		
3	AA	初步业务活动工	8002	业务承接评价表	业务承接评价表		aa		
4	AB	初步业务活动工	8003	业务保持评价表	业务保持评价表		aa		
5	AC	初步业务活动工	8004	审计业务约定书	审计业务约定书		aa		
6	AD	初步业务活动工	8005	未审会计报表	未审会计报表		aa		
7	AE	初步业务活动工	8006	趋势分析表(未审)	趋势分析表(未审)		aa		
8	AE	初步业务活动工	8007	趋势分析表多年(未	趋势分析表多年(未审)		aa		
9	AF	初步业务活动工	8008	财务分析(未审)	财务分析(未审)		aa		
10	AF	初步业务活动工	8009	财务分析多年(未审	财务分析多年(未审)		aa		
11	BA	风险评估工作底	8011	了解被审计单位及其	了解被审计单位及其环		aa		
12	BB-1	了解被审计单位	8013	在被审计单位整体层	在被审计单位整体层面		aa		
13	CGL	在被审计单位业	8015	采购与付款循环	采购与付款循环		aa		
14	GXL	在被审计单位业	8016	工薪与人事循环	工薪与人事循环		aa		
15	SCL	在被审计单位业	8017	生产与仓储循环	生产与仓储循环		aa		
16	XSL	在被审计单位业	8018	销售与收款循环	销售与收款循环		aa		
17	CZL	在被审计单位业	8019	筹资与投资循环	筹资与投资循环		aa		
18	GZL	在被审计单位业	8020	固定资产循环	固定资产循环		aa		

图 7—4 底稿项目维护

在“底稿项目维护”中可以对底稿项目进行“添加”“删除”“打印”操作。在该窗口中可以编辑修改底稿索引号，其他项目自动生成后无须再编辑。

四、批量签名

批量签名用于对多张底稿进行签名，这一功能可能处于隐藏状态。要调用此功能，需要在按住 shift 键的同时选择“系统/系统配置”，在弹出的“系统配置”窗口点击【系统控制选项】，再在弹出的“系统控制选项”窗口勾选“显示批量签名功能”，则“批量签名”功能将显示在“底稿管理”菜单中(如图 7—5 所示)。

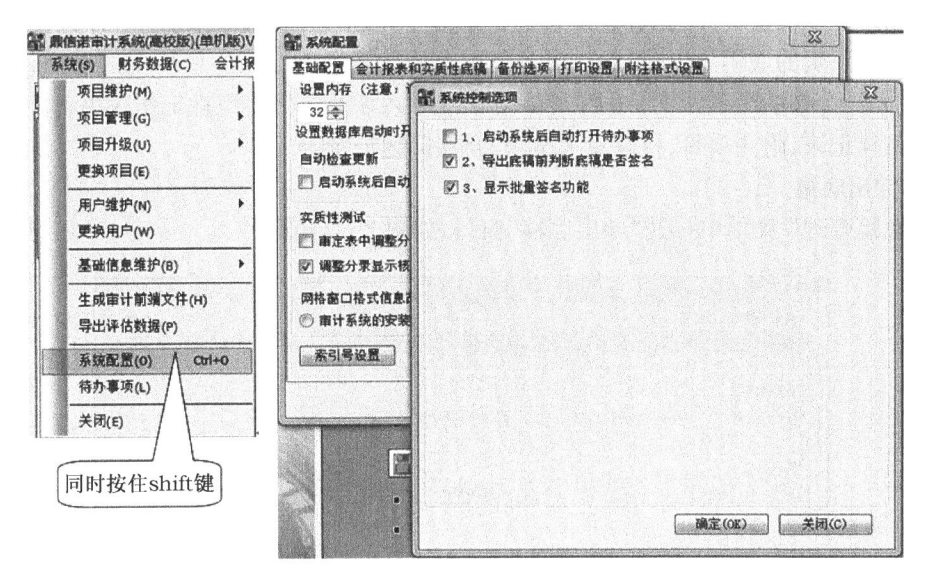

图 7-5　显示批量签名功能

点击"底稿管理"菜单下的"批量签名",系统弹出"批量签名"窗口,审计人员可以在此窗口进行编制人与复核人签名。例如,对货币资金的编制人签名,首先对货币资金底稿打"√",再点击【编制人签名】;也可以选择多个报表项目的底稿进行编制人、复核人签名(如图 7-6 所示)。

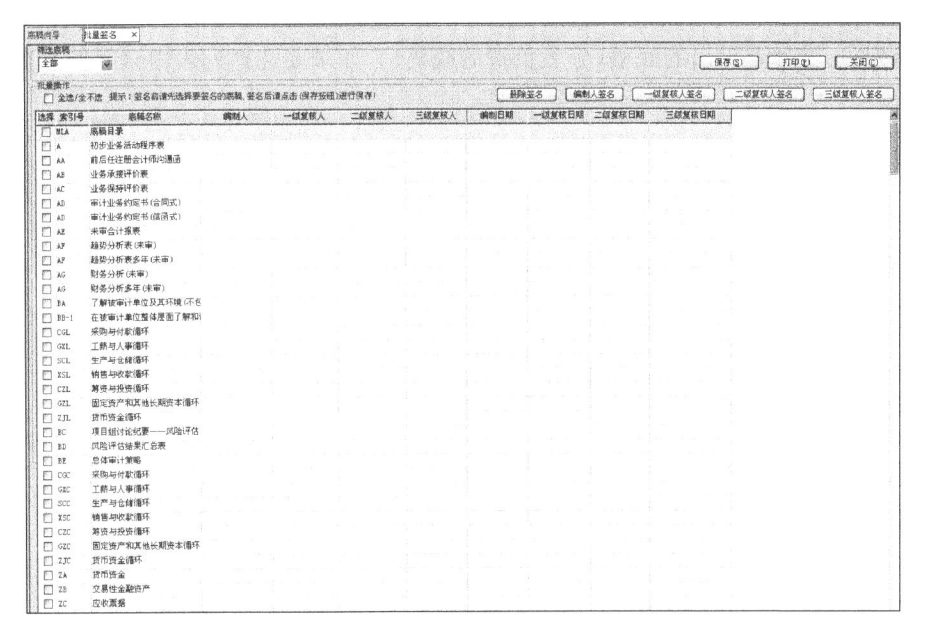

图 7-6　批量签名

五、导入、导出底稿

导入、导出底稿适用于一个审计项目分给多人一起完成的情况。审计人员各自先导入前端数据,然后完成负责部分的底稿(或某个业务循环)的审计工作。当每个审计人员都完成工作后,将各自负责的底稿导出,最后在项目负责人的计算机上导入这些导出的底稿,即可完成多个审计人员合作一个审计项目的工作。导出或导入涉及的内容包括工作底稿、科目余额、调整分录、抽样记录、附注项目、提醒重大事项、复核问题记录等。

(一)导出底稿

在"底稿管理"菜单中打开"导出底稿"窗口,如图7-7所示。

图7-7 导出底稿

"导出底稿"窗口包括底稿数据文件显示框、导出数据类型、底稿列表、浏览按钮、确定按钮和取消按钮。

底稿数据文件显示框:"浏览"选择并输入要导出的报表项目数据文件的路径和文件名称。

底稿列表:选择要导出的底稿(分工负责的底稿)。如果要选择列表中全部的底稿,可选中"选择底稿"。

确定按钮:选择底稿数据文件的路径、文件名及要导出的底稿完成后,点击【确定】按钮,即开始导出底稿生成底稿数据文件。

(二)导入底稿

在"底稿管理"菜单中打开"导入底稿"窗口,如图7-8所示。

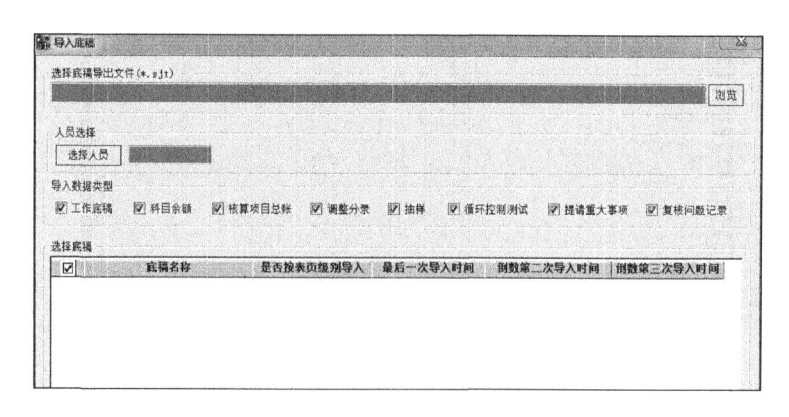

图7-8 导入底稿

"导入底稿"窗口包括底稿数据文件显示框、底稿列表、导入数据类型选项、浏览按钮、确定按钮和取消按钮。

六、审计工作底稿归档

审计人员在完成审计项目并出具审计报告后,使用"底稿管理/审计工作底稿归档"功能,选择目标路径,将电子版底稿存储到计算机指定位置,准备归档。

> **注意:**
> 只有打开并保存过的底稿信息才能正常归档。

七、审计工作底稿归档文件浏览

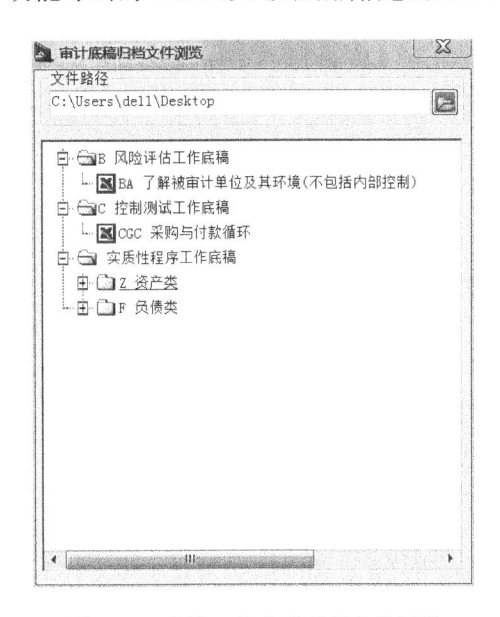

使用"底稿管理/审计工作底稿归档文件浏览"功能,在审计系统中按照当初存储的路径,查看"审计工作底稿归档"功能导出的 Excel 形式的底稿信息,如图 7－9 所示。

图 7－9　审计工作底稿归档文件浏览

第二节　底稿的编制

鼎信诺审计系统在底稿中加载了一些工作模块,以方便审计工作的进行。

一、鼎信诺审计工具栏

在 Excel 底稿中,将最常用的底稿操作功能加载为工具栏(如图 7－10 所示)。

图 7－10　鼎信诺审计的工具栏

(一)设置底稿信息

"设置底稿信息"如图7-11所示,主要用于"审计说明""审计结论""建议披露事项""底稿签名"和"当前表页签名"的录入。录入后,相关信息自动显示在底稿中。在填写"审计说明""审计结论""建议披露事项"时,可使用右键功能调用"插入审计标识、插入审计结论、插入执行情况"模板快捷录入。使用"设置底稿信息"这一功能,而不是在底稿相关表页直接写入,能够防止重读底稿时手工写入的信息被删除。

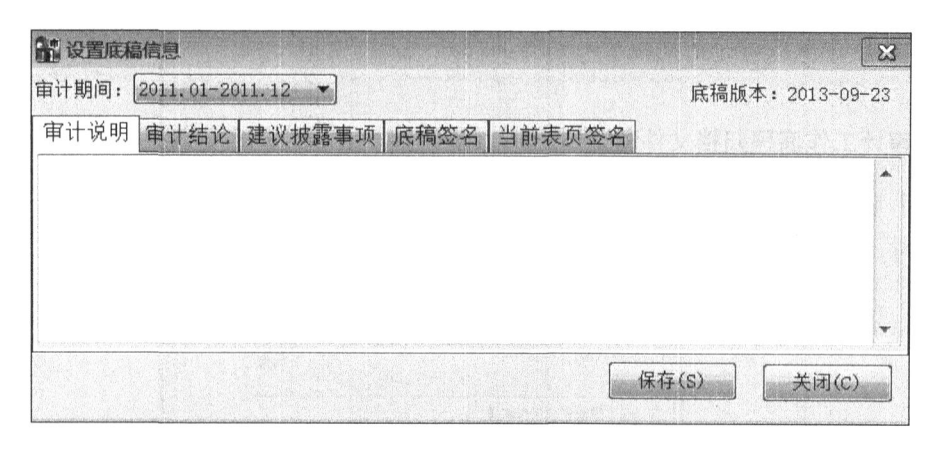

图7-11 底稿信息

"底稿签名"即为批量签名。例如,打开货币资金底稿,在任何一张表页上点击【底稿签名】,则实现对货币资金整套底稿进行编制人或复核人的签名。

"当前表页签名"是对单张底稿签名。例如,当前打开的是货币资金审定表,点击【当前表页签名】,则只在货币资金审定表上进行编制人或复核人的签名。

> **注意:**
> 系统默认底稿信息菜单中的审计结论、审计说明与建议披露事项只对审定表起作用。即这三项信息系统默认写入审定表。审计人员可以根据审计工作的实际需要,重新编辑,从而将有关信息写入底稿。例如,想要将审计说明只写入银行存款明细表,而不再写入审定表,可以做如下操作:在银行存款明细表上添加关于审计说明公式的函数,在货币资金审定表上删除审计说明的函数。

(二)生成数据

1. 生成当前表数据

"生成当前表数据"是针对当前激活的已经设置数据源的Excel表页取出需要的数据。

对某一表页进行操作时,由于某些原因,数据被修改或被删除,要恢复原来的数据,可以通过"生成当前表数据"来实现。

2. 生成全部表数据

"生成全部表数据"是针对当前的Excel工作簿,对所有的已经设置数据源的表页取出需要的数据。

(三)更新

1. 更新当前表

针对当前激活的已经设置数据源的表页,更新已经取出数据的行的数据。更新列则需要在"设置列对应关系"中选中"更新"才能更新。

2. 更新全部表

对 Excel 工作簿全部的表页发生变化的数据进行更新。

【比较】　　　　　　　　"生成"与"更新"

"生成"数据只追加数据行,对于已经有数据的行不会重复追加,也不会修改数据;"更新"只对已经通过"生成"产生数据的行进行数据更新,不产生新的数据行。

(四)删除数据

当需要重新生成数据时,需要先"删除数据源"再"生成数据"。

1. 删除数据(当前表单数据源)

针对当前激活的已经设置数据源的表页删除当前行对应数据源已经取出的数据,整行删除。若干行是同一数据源,则同一数据源的若干行数据一并删除。操作时,鼠标可置于该数据源所在的任一单元格。

2. 删除数据(当前表所有数据源)

针对当前激活的已经设置数据源的表页删除当前表全部数据源已经取出的数据,整行删除。

【比较】　　　　删除当前表单数据源与删除当前表所有数据源

如果某一张表页设置不止一个数据源,"删除当前表单数据源"就只会删除鼠标定位的那个数据源,而"删除当前表所有数据源"无论鼠标定位在哪个数据源上,都会删除所有数据源。例如,货币资金截止测试表有截止日前与截止日后两个数据源,当鼠标定位在截止日前的数据源,则点击【删除数据(当前表单数据源)】,只删除截止日前的数据源;如果点击【删除数据(当前表所有数据源)】,则截止日前与截止日后两个数据源都会被删除。

当然,如果某一张表页只有一个数据源,如货币资金审定表只有一个数据源,无论点击【删除数据(当前表单数据源)】还是点击【删除数据(当前表所有数据源)】,操作结果并无差异。

(五)重算

按照当前表页的公式,重新计算当前表页数据。

(六)设置数据源

"设置数据源"的功能是设定当前实质性程序工作底稿的某一行从哪张数据表中取数以及取数的条件。系统通常已给实质性程序底稿设置了相应的数据源。

操作步骤如下:

(1)在实质性程序工作底稿加载的"鼎信诺审计"菜单中的"设置数据源"插件打开"设置数据源"窗口(如图 7-12 所示)。

图7—12 设置数据源1

(2)选择年度和单位。如果跨年(跨单位)取数,进行年和单位的选择。不勾选则默认当前项目的年度和单位(如图7—12所示)。

(3)选择使用的表。该下拉列表包括的数据表有科目余额表、科目月余额表、凭证表、辅助核算项目、总账、存货、固定资产卡片以及附加表。当选择下拉列表中某个数据表时,下方的窗口将相应列示出该数据表包含的列。如图7—12所示,"科目余额表"的列有科目编号、科目名称、借贷方向、科目级次、是否明细科目等。

(4)选择排序列。排序列的功能是使实质性程序底稿表页中的数据按相应列进行排序显示。用鼠标从左侧列表中选择科目编号、科目名称等属性并拖拽到右侧"排序列"窗口中,想按哪个属性进行排序就把那个属性拖拽到"排序列"窗口。然后在"排序列"窗口选择排序方式"递增"或"递减"。如果添加排序列后想删除所选择的排序列,则用鼠标将不需要的列反向拖拽到左侧列表中(如图7—13所示)。

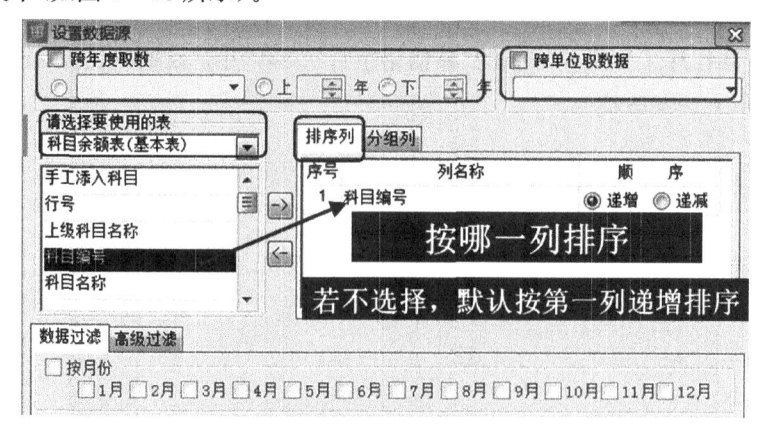

图7—13 设置数据源2

(5)选择分组列。分组列的功能是使实质性程序底稿表页的数据按某列进行合并分组显示。例如,数据表中有两个或两个以上的"现金——人民币"科目,选择按科目名称分组后就只显示一条"现金——人民币"的数据,发生额等取全部"现金——人民币"的和。选择分组列的操作与选择排序列的操作方式相同。

(6)设置过滤条件,过滤数据,得到想要的数据(如图 7-14 所示)。

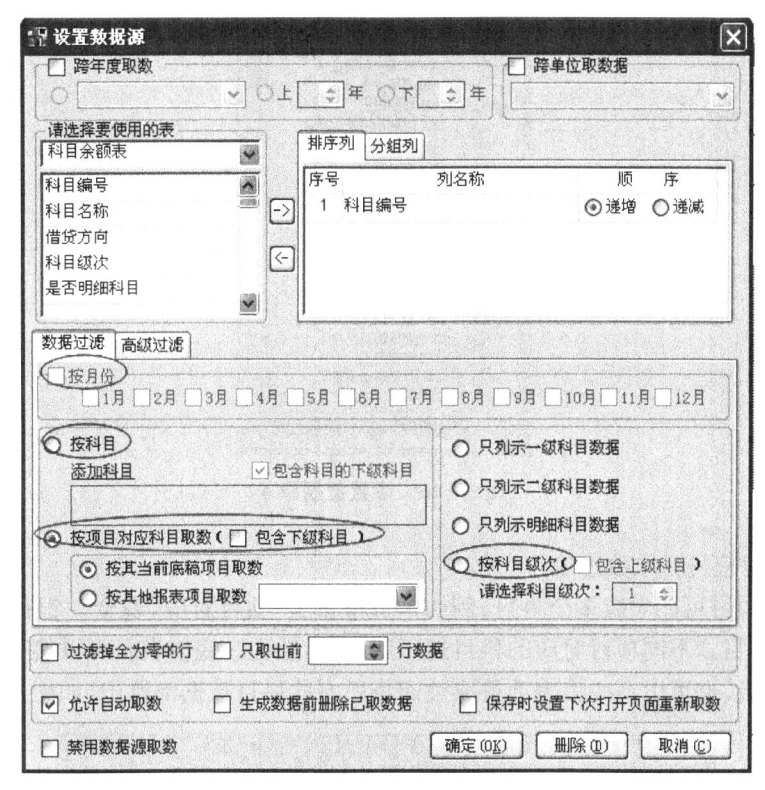

图 7-14 设置数据源 3

①常规过滤

常规过滤条件就是"设置数据源"窗口的"数据过滤"选项卡,包括按月份、按科目、按项目对应科目取数、按科目级次共 4 项过滤内容。

● 按月份过滤

如图 7-14 所示,"按月份"呈灰色,不能使用,这是因为所选择的表是科目余额表,不存在月份信息。其他表如凭证表、科目月余额表由于包含月份信息,都可以按月份过滤。选中月份后可以在 1 月至 12 月中随意选择月份。例如,只选择 1 月和 6 月的数据就只点击 1 月和 6 月的选择框选中,其他的都设为非选中状态即可。

"按月份"过滤是个复选项,可与后面三个单选项(按科目、按项目对应科目取数、按科目级次)中的任一个复合使用。

● 按科目过滤

先选中"按科目"这个单选项,然后点击"添加科目",系统弹出科目列表窗口(如图 7-15 所示);审计人员根据实际情况从科目列表窗口左侧的树形列表中选择要过滤的科目,点击"确定"按钮。所选择的科目名称就会显示在设置数据源窗口的文本框中。同时还可复选"包括科目的下级科目"选择框,如果没有选"包括科目的下级科目",就只取出在文本框中列出科目的数据;如果选了"包括科目的下级科目",则文本框中所列科目的下级科目数据也被取出。例如,"现金"科目包括"人民币""美元"两个明细科目,如果选择了"包含科目的下级科目",那么"人民币""美元"两个科目的数据同时被取出,否则只取"现金"科目的数据。

图 7—15　设置数据源 4

● 按项目对应科目取数过滤

一个底稿项目可能对应多个科目,例如,"货币资金"项目对应"现金""银行存款""其他货币资金"三个科目。不同项目对应的科目也不同,实质性程序底稿表页可以按某一个报表项目包含的科目取数,也可以不按报表项目取数而将所有的科目数据都取出(如图 7—16 所示)。

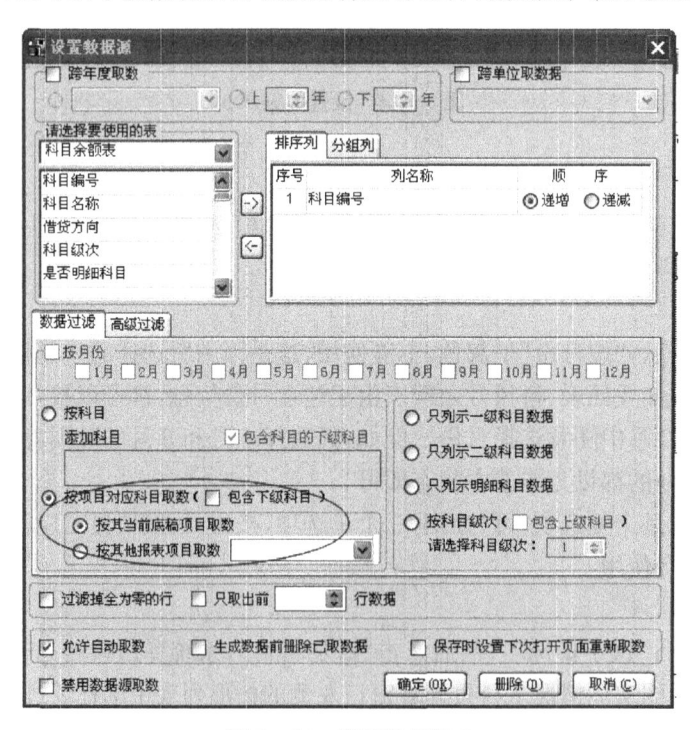

图 7—16　设置数据源 5

如果没有选择"数据过滤"标签下的"按底稿项目取数",系统就会将所有的科目数据都显示出来;如果选择"按底稿项目取数",就可以根据实际情况选择是"按当前底稿项目取数"还是"按其他底稿项目取数"。如果选择"按其他底稿项目取数",需要在其后的下拉列表中选择一个底稿项目。如果选中"包含下级科目",则所要显示的科目及其下级科目的数据将全部列出。

● 按科目级次过滤

按科目级次过滤分为四个单选项:只列示一级科目数据、只列示二级科目数据、只列示明细科目数据和按科目级次(如图 7-16 所示)。其中第四项"按科目级次"还包括"包含上级科目"复选项,如果选中"包含上级科目",则连同上级的全部科目都显示出来。例如,科目级次选择的是 3,就将 1 级、2 级、3 级科目的数据都取出,否则,只取出第 3 级科目。

如果选择"只列示一级科目数据""只列示二级科目数据"或"只列示明细科目数据",那么在实质性程序底稿表页中就相应地只显示"一级科目""二级科目"或"明细科目"数据。

②高级过滤

自主开放式设置过滤条件,得到想要的数据。例如,审计人员要获得"科目名称是人民币"的数据(如图 7-17 所示),在"高级过滤"中,点击"添加"按钮,添加新的过滤条件,在"字段名"下选择"科目名称","操作符"下选择"等于","值"下选择"人民币"。"高级过滤"可添加多个条件。如果想删除已经添加的过滤条件,就点击"删除"按钮。

图 7-17 设置数据源 6

③抽样方案过滤

当选择使用"凭证表"时,数据过滤条件还可以有抽样方案。

④其他辅助过滤条件

其他辅助过滤条件共有六个复选项可选(如图 7-17 所示)。

● 过滤掉全为零的数据

通过"过滤掉全为零的行",将期初、期末、发生额等数据都是零的科目过滤掉不显示。"过滤掉全为零的数据"只能在科目(月)余额表中使用。

● 只取出前×行数据

底稿中数据量很大,如果只希望将较大的数据列示在底稿中,可以先将数据按递增排序,然后使用该功能,从而减少底稿中的数据量。

此外,还有"允许自动取数""生成数据前删除已取数据""保存时设置下次打开页面重新取数""禁用数据源取数"四个复选项。

> **注意:**
> 设置数据源是针对行的,也就是说,一张表页的一行只能设置一个数据源,但对不同的行可以设置不同的数据源。若干行可以设置同一个数据源。在设置数据源的行,有相应的格式范例行。设置数据源后,插入的数据会在格式行之后插入,数据的格式和公式与格式范例行一样。

(七)设置列对应关系

实质性程序底稿设置数据源完成后,再"设置列对应关系"。"设置列对应关系"是设定"数据源"中使用的数据表的列与底稿的列的对应关系(如图 7—18 所示)。在右侧窗口选中数据源的账面列,拖拽到左侧窗口中相应的显示"列"。列数据要实现更新,需要在这个窗口为其选择"更新"。

图 7—18 设置列对应关系

当数据源和列关系设置好之后,就可以使用生成数据、更新数据的功能。系统通常都已经给实质性程序底稿设置好了相应的数据源与列对应关系,从而实现数据向 Excel 底稿的传输。

【例 7—2】 设置列对应关系。

(1)先在货币资金审定表打开"设置列对应关系"窗口,针对"账面期末数""未审期末数"和列"更新"选项不选择。再在"财务数据/财务数据维护"窗口打开科目余额表,修改"库存现金"科目账面期初与期末余额(各增加 2 000 元),然后"生成总账"或在"数据初始化"窗口"重新计算"。回到货币资金审定表,点击"更新"按钮,观察"未审期末数"列数据的变化。

(2)打开"设置列对应关系"窗口,将"账面期末数""未审期末数"和列"更新"选项进行勾选,回到货币资金审定表,点击"更新"按钮,观察"未审期末数"列数据的变化。

(八)查账

单击"查账"按钮,查看当前底稿项目对应的报表项目涉及的所有科目的总账与明细账、抽样方案、调整分录、凭证抽凭表、函证表、科目附加信息、底稿对应的报表项目、报表项目对应的科目。

(九)锁定

"锁定"功能主要设定当前表的编辑状态。"锁定当前表"就是使当前表处于只读的不可编辑状态;"标准编辑状态"是对当前表的公式与设有数据源、数据列可更新的单元格处于只读的不可编辑状态;"无保护编辑状态"是当前表所有单元格均处于可编辑状态。审计人员还可以通过"关闭数据源取数"功能来禁止或允许数据源取数。

(十)多表操作

"多表操作"包括"生成全部表数据""更新全部表数据""重算所有表页"命令,如图 7－19 所示。这些命令与"生成""更新""重算"功能相同,区别在于"生成""更新""重算"只对当前表起作用,而"多表操作"则对该底稿下所有的表页起作用。

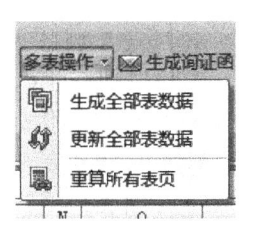

图 7－19　多表操作

二、"鼎信诺审计"菜单

在 Excel 底稿中加载了"鼎信诺审计"菜单功能,在"工具栏"的基础上又添加了一些计算机审计特有的功能(如图 7－20 所示)。

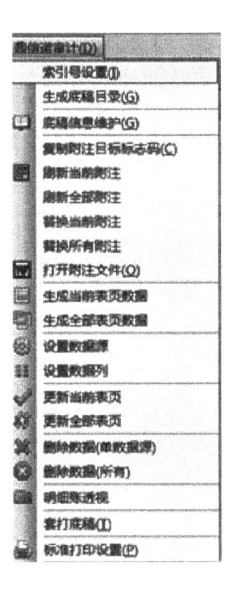

图 7－20　"鼎信诺审计"菜单

(一)索引号设置

这一功能主要是设置索引号的编排规律(如图 7—21 所示)。通常,每个会计师事务所都有自己的索引号编排规律。

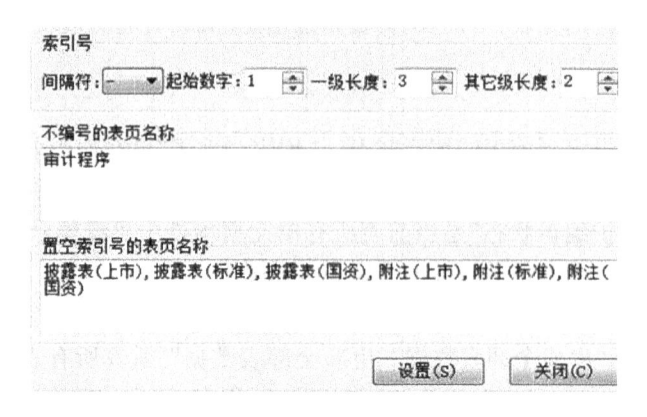

图 7—21 索引号设置

说明:

(1)间隔符:索引号各级之间的连接符,例如,""""—""."""—""_"。

(2)起始数字:索引号的起始数字可以为 0 或 1,例如,ZA—0 或 ZA—1。

(3)一级长度:一级索引号的长度,例如,一级长度=3,索引号为 ZA001 或 ZA—001。

(4)其他级长度:其他级索引号长度,例如,一级长度=3,其他级长度=2,索引号为 ZA00101 或 ZA—001—01。

(5)不编号表页名称:只显示底稿中主索引号的表页,例如,ZA。需要在文本框中输入相应的 Excel 底稿的表页名称,用","号分隔,例如,审计程序。

(6)空索引号表页名称:不编写索引号的表页。要在文本框中输入相应的 Excel 底稿的表页名称,用","号分隔,例如,披露表(标准)、披露表(上市)。

对于底稿编号、同上编号、不编号或置空的设置,也可打开某一报表项目的 Excel 实质性底稿,在其"底稿目录"表页的"是否编号"列进行选择设置(如图 7—22 所示)。

图 7—22 底稿目录

其中,"不编号"表示该底稿索引号只使用主索引号,"同上编号"表示该底稿索引号与前一张底稿索引号相同,"编号"表示该底稿接着前一底稿连续顺次编号,"置空"表示该张底稿不生成索引号。

在"底稿目录"表页的"是否显示"列还可以做出是否显示某张底稿的选择(如图7-22所示)。若选择"否",则该底稿不会显示在底稿工作簿中。

(二)生成底稿目录

底稿编号设置后,或者是新增底稿后,即可使用"鼎信诺审计"加载项中的"生成底稿目录"功能重新生成底稿目录,同时也为新增的底稿添加索引号(如图7-23所示)。

序号	表页名称	索引号	上级表页名	是否编号	手工编号	是否显示
1	审计程序	ZA		不编号		是
2	审定表	ZA-001		编号		是
3	账项明细表	ZA-002		编号		是
4	银行存款明细表	ZA-003		编号		是
6	披露表(标准)			置空		否
8	库存现金监盘表	ZA-004		编号		是
9	外币货币资金核查表			置空		否
10	银行存单检查表	ZA-005		编号		是
11	银行存款未达账项调节表	ZA-006		编号		是
12	对银行存款余额调节表的检查	ZA-007		编号		是

图7-23 重新生成底稿目录

(三)明细账透视

如果财务数据中有凭证数据,那么可以用这个功能生成一个或几个科目的按月的明细分析底稿(分项分月分析表),也可以生成毛利率分析表。

(四)套打底稿

对所有保存过的底稿一次性打印出来(没有打开过的底稿不会打印),也可以根据需要选择打印。

三、底稿右键功能

鼎信诺审计系统在Excel底稿的单元格上和行标上的鼠标右键加载了一些功能。

(一)单元格右键功能(如图7-24所示)

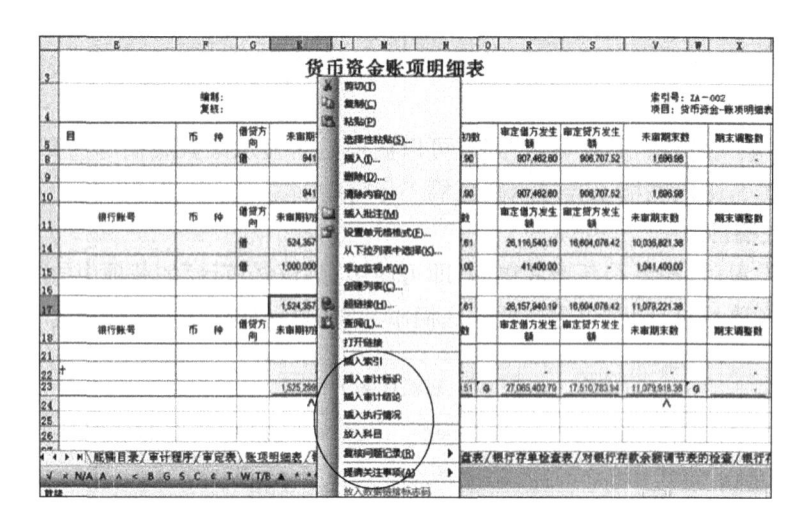

图 7—24 单元格右键功能

1. 插入索引与打开链接

(1)在实质性程序底稿中右击单元格,在弹出的菜单中,点击"插入索引",系统弹出"插入索引"对话框,选择相应的索引号,在单元格插入所需要的索引号。

注意:
(1)只有打开并保存底稿,该底稿的所有表页的索引号才会出现在"插入索引"窗口,否则只列示主索引号。
(2)插入索引的单元格不能是文本格式。

(2)对于已插入索引号的单元格,右击,在弹出的菜单中,点击"打开链接"就能进入索引的相应底稿。

2. 插入审计标识、插入审计结论、插入执行情况

在实质性程序底稿的单元格中右击,在弹出的菜单中选择插入审计标识、插入审计结论、插入执行情况,可从插入审计标识、结论、执行情况的模板中选择相应文字插入底稿中。

3. 放入科目

(1)适用范围

配合已设置好公式的实质性程序底稿使用,如截止测试表、替代测试表、存货计价测试表、收入成本配比底稿等。在 Excel 底稿中可以运用"放入科目"功能的单元格,常以黄色填充。

(2)操作步骤

在实质性程序底稿中,右击黄色填充的单元格,选择"放入科目"子菜单,在弹出的科目列表中选择"科目"及"审计期间",点击【放入】,将选中的科目信息生成到底稿,在底稿中点击【生成】,底稿即显示相关科目信息,有公式的单元格自动取数计算,如图 7—25 所示。

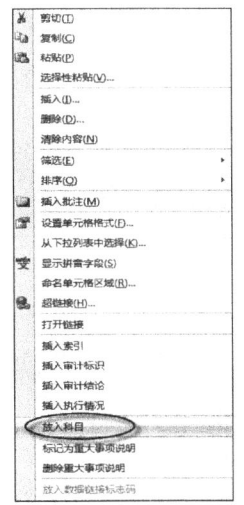

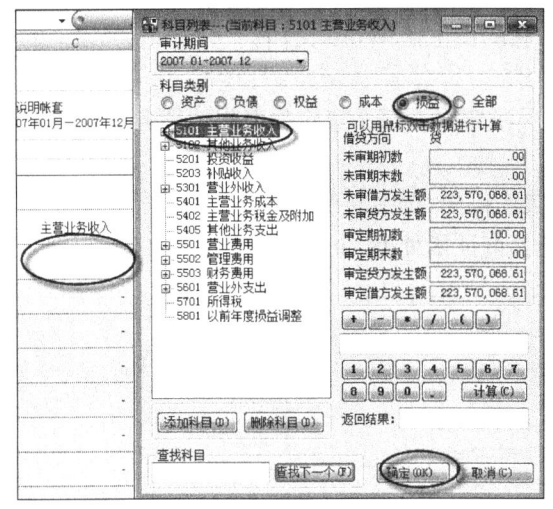

图 7-25　放入科目

> **注意：**
> 当准备放入科目的底稿中的数据源来自不同会计期间时（如截止测试），执行【放入】后，系统弹出提示"是否替换数据源中的审计期间"，选择【是】，则所有数据源的期间都替换成当前审计期间；选择【否】，则数据源的期间不会发生改变。如果底稿中的所有数据源都是来自当前审计期间，则系统不会提示。

(二)行标右键功能（如图 7-26 所示）

图 7-26　行标右键功能

1. 放入函证

给多家被询证人发函，函证类型相同时，适合使用"放入函证"功能。"放入函证"就是在底稿(通常为明细表)中选择多行(被询证人)的数据合并到通用询证函文档中,数据的每一行(被询证人)都会生成一个单独的询证函 Word 文档。

(1)生成询证函

【例 7-3】 审计人员决定对全部 9 家应收账款的债务人执行函证程序。

操作步骤如下:

①在应收账款明细表底稿中,选中 9 条记录,行标右击,在弹出的菜单中选择子菜单"放入函证",根据科目类别,选择询证函种类"企业间函证函"(如图 7-27 所示)。

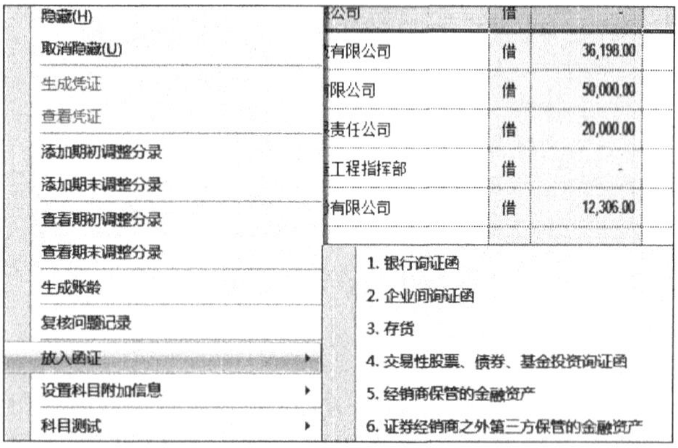

图 7-27 放入函证

系统提示成功放入 9 条询证函。

②回到操作系统的主界面,在底稿向导中找到"询证函"文件夹展开,找到应收账款询证函的模板,双击进入"企业间往来款项询证函"表页(如图 7-28 所示)。

图 7-28 打开询证函表页

③在"企业间往来款项询证函"表页录入询证函各项目数据。例如,选择要函证金额的性质以生成函证金额,录入回函地址、联系人、电话、传真等信息,然后单击"生成询证函",系统自动将该函证信息放入 Word 文档中(如图 7-29 所示)。

图 7—29　生成询证函

> 提示：
> 对企业间往来款项执行函证时，函证金额应选择"未审期末数"，函证类型为必选项。

④系统提示是否打开询证函，选择【是】，系统打开 Word 询证函，审计人员查看 Word 询证函，无异议后，打印发函。

(2)删除函证信息

【例 7—4】　审计人员决定删除最后两笔函证。

操作步骤如下：

①在任意底稿表页中点击【查账】按钮(如图 7—30 所示)，弹出快速查账窗口。

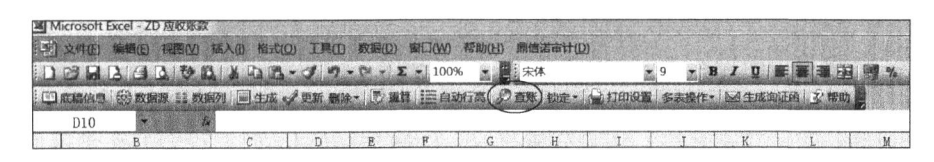

图 7—30　查账

②在快速查账页面点击【函证表】按钮，在这个表页中选择函证类型"企业间往来款项询证函"，窗口显示已生成询证函的列表，选择要删除的最后两笔函证，点击【删除】按钮，即可删除函证(如图 7—31 所示)。

图 7—31　删除询证函

(3)查看已生成的询证函

如图7-31所示,点击【已生成的询证函文件列表(L)】,弹出已生成的函件列表(如图7-32所示)。然后双击列表中的文件记录,即可打开询证函Word文档。

图7-32 已生成的询证函列表

> **提示：**
> (1)如果审计人员要查看发过多少函证,可在应收账款底稿中的"应收账款——函证汇总表"查看。
> (2)如果审计人员需要修改函证格式,可到鼎信诺系统文件安装目录下,找到函证模板进行修改。修改时只能修改格式,模板中带公式链接的地方不要修改。

(4)再次发函

【例7-5】 审计人员决定对禹天商贸公司再次发函。

在应收账款明细表中,选中禹天商贸公司,然后重复生成询证函的操作步骤,即完成对禹天商贸公司的再次发函。在应收账款函证结果汇总表底稿中点击【更新】,在禹天商贸记录行即显示第二次函证的时间。

2. 生成账龄

对企业间往来款项需要进行账龄分析,如果在"数据初始化"时已设置好账龄区间,即可利用此功能生成账龄。

(1)生成账龄的操作方法

在实质性程序工作底稿的明细表中,选择要生成的账龄的数据行,在其行标上点击右键,点击子菜单"生成账龄",弹出"生成账龄方式"对话框,选择生成账龄方式,点击【确定】,即可生成账龄(如图7-33、图7-34所示)。

图7-33 生成账龄方式

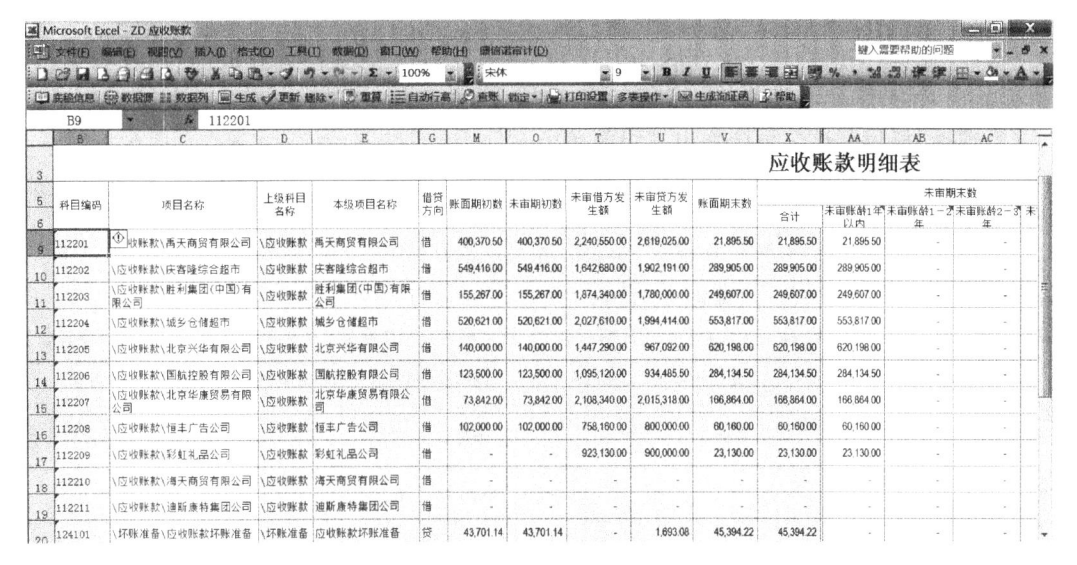

图 7-34　生成账龄的应收账款明细表

(2) 生成账龄的方式

生成账龄的方式有两种：一种是根据以往多年数据通过先借先还法计算账龄。若要生成 2 年及 2 年以上的账龄，需要将多年的账套导入系统。另一种是在连续审计的情况下，可以根据上一年度审定账龄推算本年账龄。

(3) 生成账龄的特殊考虑

①如果做了审计重分类调整，例如，预收账款重分类调整至应收账款，则需要先在预收账款明细表中"生成账龄"，然后再到应收账款明细表中做"生成账龄"的操作，该重分类调整来的应收账款才会生成账龄。在原科目明细表中更新删除账龄。

②如果做了账表差异调整，例如，从预付账款调整至应付账款，需要先在预付账款明细表中"生成账龄"，再到应付账款明细表中做"从原科目获取账龄"的操作，才能对其在应付账款中生成账龄。原科目明细表中则需要手工删除账龄。

③坏账准备不需要做"生成账龄"的操作。

3. 科目测试

科目测试包括存货发出计价测试、替代测试(借方)、替代测试(贷方)。

【例 7-6】　审计人员决定对大额库存商品进行发出计价测试。

操作步骤如下(如图 7-35 所示)：

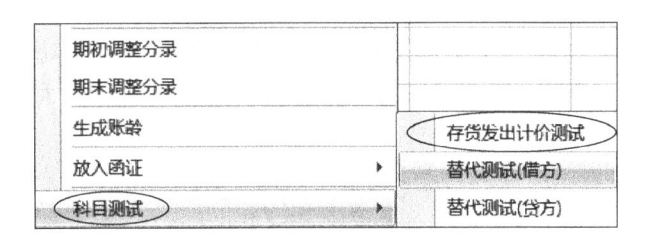

图 7-35　科目测试

(1)打开"存货"实质性程序工作底稿。

(2)在"存货"实质性程序工作底稿中找到"存货明细表",选择"库存商品"所在数据行,在行标处点击右键,弹出右键菜单。

(3)选择"科目测试",系统弹出二级菜单。

(4)选择"存货发出计价测试",系统自动生成存货(库存商品)发出计价测试表,并生成相关数据(见表7—1)。

表7—1　　　　　　　　　　　　　存货发出计价测试

被审计单位:北京惠洁纸杯厂　　　编制:　　日期:
报表截止日:20×1年12月31日　　复核:　　日期:　　　项目:库存商品——9盎司纸杯——存货发出计价测试

月	收入 数量	收入 金额（元）	发出 单价（元）	发出 数量	发出 金额（元）	结存 单价（元）	结存 数量	结存 金额（元）	测试 加权单价（元）	测试 应结转金额（元）	测试 应结存金额（元）	差异（元）
期初							925.00	79 920.00	86.40			
1	1 250.00	221 040.03	176.83	2 050.00	283 658.50	138.37	125.00	17 301.53	138.37	283 663.48	17 296.55	4.98
2	3 000.00	204 990.93	68.33	2 200.00	156 486.00	71.13	925.00	65 806.46	71.13	156 490.39	65 797.10	4.39
略	略	略	略	略	略	略	略	略	略	略	略	略
11	4 500.00	426 959.00	94.88	4 950.00	465 795.00	94.10	535.00	50 366.43	94.11	465 832.65	50 347.57	37.65
12	4 500.00	418 901.22	93.09	4 360.00	406 352.00	93.20	675.00	62 915.65	93.20	406 340.56	62 908.23	−11.44
合计	47 250.00	4 486 050.75	94.94	47 500.00	4 503 055.10	94.78	675.00	62 915.65		4 503 062.52	测试差异额	7.42
											测试差异率	0.00

4. 设置科目附加信息

"设置科目附加信息"是在审定表或明细表中使用的一个行标右键功能,主要是配合检查测试程序表生成数据,在不同的底稿中具体功能有所区别。比如,在应收账款底稿中,"设置科目附加信息"包括替代测试、往来科目长期挂账款项、关联方、汇率折算检查,分别配合"替代测试表""往来科目长期挂账检查表""列示关联方""汇率折算检查表"的使用。

若要在这些程序表中撤销某条记录,不能在这些程序表中直接删除,需要在"财务数据/科目附加信息维护"菜单中删除该条记录,或在底稿"查账"窗口打开"科目附加信息"项目,做"清除"标记后"保存",然后再回到程序表中"更新"或"删除"+"生成"。

5. 生成凭证

在实质性程序底稿的数据源为凭证表时,如"检查情况表""截止测试表""替代测试表",如果系统中存在凭证数据,则在这些底稿的数据行的行标上点击右键,弹出右键菜单,选择"生成凭证",弹出"生成凭证"对话框,在"附件"的空白处输入文字,最后形成抽凭的底稿(如图7—36所示)。

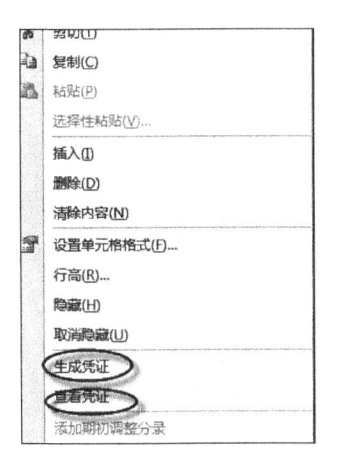

图 7-36　生成凭证

6. 查看凭证

数据源为凭证表的实质性程序底稿,在数据行的行标上右击,弹出右键菜单,选择"查看凭证"(如图 7-36 所示)。弹出对话框"凭证信息"(如图 7-37 所示),在这个对话框有"显示外币""显示数量""显示抽样方案"选项进行相应的显示查看。

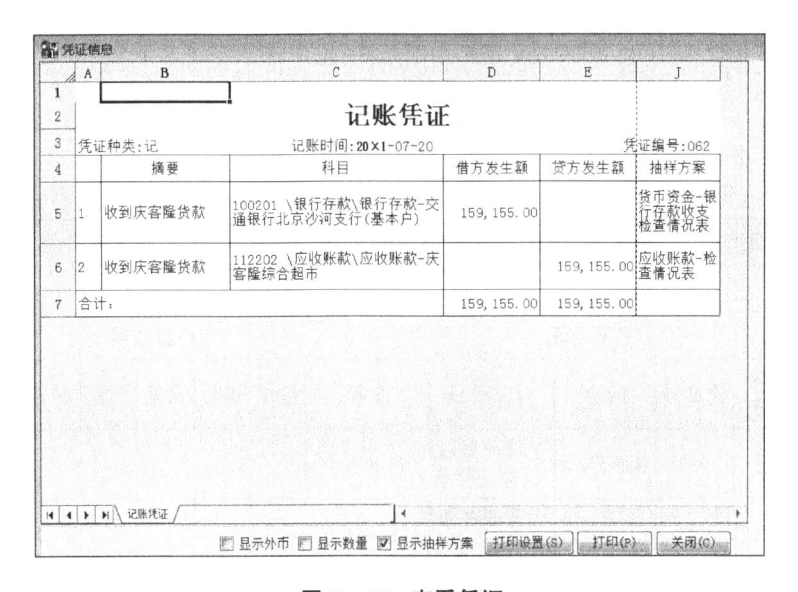

图 7-37　查看凭证

> **注意:**
> "生成凭证"与"查看凭证"这两个功能使用的前提是系统中凭证数据信息已存在,否则凭证既不能生成,也不能查看。

【例 7-7】　审计人员对应收账款执行函证程序,但在合理的期限内未收到被询证人北京兴华有限公司、城乡仓储超市的回函,审计人员决定进行应收账款函证的替代测试。

第一种方法:在替代测试底稿中结合"放入科目"。

审计人员决定对北京兴华有限公司运用"放入科目"的方法进行替代测试,具体操作步骤如下:

(1)在底稿向导中找到实质性底稿中的应收账款项目,打开应收账款底稿窗口。

(2)在应收账款底稿中找到"替代测试表",在"选择需要测试的账户"后面的黄色背景的单元格内(见表7-2)单击右键,选择"放入科目"。

表7-2　　　　　　　　　　　　　应收账款替代测试表

被审计单位:北京惠洁纸杯厂　　编制:　　　　日期:　　　索引号:ZD-008
报表截止日:20×1年12月31日　复核:　　　　日期:　　　项目:应收账款——替代测试表

选择需要测试的账户:														
一、借方发生额														
			记账凭证					客户验收单			销售发票			
序号	日期	凭证种类	凭证号	内容	对方科目	金额	数量	编号	日期	数量	编号	日期	数量	金额

在此黄色背景的单元格右键"放入科目"

(3)在弹出的科目列表中选择需要替代测试的"应收账款/北京兴华有限公司",点击【放入】按钮,北京兴华有限公司的应收账款信息即放入替代测试表。

(4)点击工具栏的"生成当前表数据",相应的记账凭证信息即被提取(见表7-3)。

表7-3　　　　　　　　　　　　　应收账款替代测试表

被审计单位:北京惠洁纸杯厂　　编制:　　　　日期:　　　索引号:ZD-008
报表截止日:20×1年12月31日　复核:　　　　日期:　　　项目:应收账款——替代测试表

选择需要测试的账户:		112205 北京兴华有限公司												
一、借方发生额														
			记账凭证					客户验收单			销售发票			
序号	日期	凭证种类	凭证号	内容	对方科目	金额	数量	编号	日期	数量	编号	日期	数量	金额
1	20×1/01/18	记	053	销售产品	主营业务收入、应交税费	163 800.00								
2	20×1/02/09	记	033	销售产品	主营业务收入、应交税费	128 700.00								
3	20×1/04/07	记	028	销售产品	主营业务收入、应交税费	200 070.00								

(5)根据借方记录,追查到相关原始凭证。

第二种方法:在明细表底稿中利用鼠标右键"科目测试"功能。

审计人员决定对城乡仓储超市运用"科目测试"的方法进行替代测试,具体操作步骤如下:

(1)在底稿向导中找到实质性底稿中应收账款项目,打开应收账款底稿窗口。

(2)找到"应收账款明细表"底稿,选中需要作替代测试的明细科目"应收账款/城乡仓储超市"所在行的行标,单击右键,点击"科目测试",并选中"替代测试(借方)"。

(3)系统弹出一张新的替代测试表底稿,且提取相应的凭证信息(见表7-4)。

表 7-4　　　　　　　　　　　　　应收账款替代测试表

被审计单位：北京惠洁纸杯厂　　编制：　　　　日期：
报表截止日：20×1年12月31日　复核：　　　　日期：　　项目：应收账款——城乡仓储超市——替代测试表

选择需要测试的账户：						112204 应收账款/城乡仓储超市				
一、期初余额						520 621.00				
二、借方发生额										
				入账金额			检查内容			
序号	日期	凭证种类	凭证号	业务内容	对方科目	金额	①	②	③	④
1	20×1-1-23	记	65	销售产品	主营业务收入、应交税费	127 530.00				
2	20×1-2-17	记	48	销售产品	主营业务收入、应交税费	131 040.00				
3	20×1-3-27	记	95	销售产品	主营业务收入、应交税费	119 340.00				
4	略									

(4) 根据借方记录，追查到相关原始凭证。

(5) 在"鼎信诺审计"加载项中选择"生成底稿目录"，为该替代测试表生成索引号 ZD—009。

【比较】　　　　　　　　两种替代测试方式

第一种方式替代测试信息不会自动生成到"替代结果汇总表"，需要在明细表运用行标右键选择"设置科目附加信息"（替代测试），将替代测试信息放入"替代结果汇总表"。第二种方式科目替代测试信息会自动生成到"替代结果汇总表"，并在替代测试表中自动生成含有"某某单位"的替代测试项目名称，但需要重新生成底稿目录。

四、Excel 的自定义函数

在底稿的单元格中设置函数，以完成特定数值的取数，如图 7-38 所示。

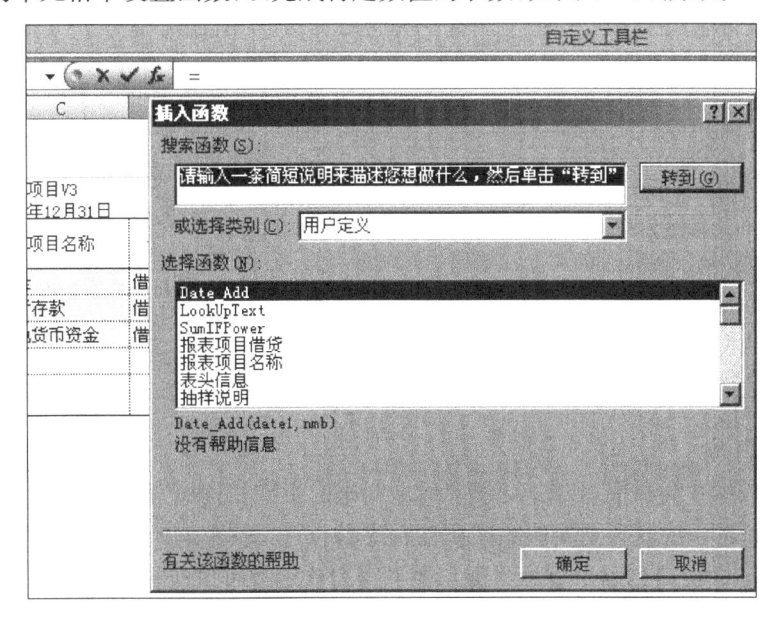

图 7-38　自定义函数

五、鼎信诺审计系统工作底稿的形成原理

"计划实施的实质性程序"功能将风险评估、控制测试与实质性程序连接起来,风险评估与控制测试的结果自动体现在"计划实施的实质性程序"窗口,审计人员根据风险评估与控制测试的结果来选择准备实施的实质性程序,编制完成实质性程序审计工作底稿。

一个报表项目的实质性程序底稿一般包括审计程序表、审定表、明细表、检查情况表、各种具体程序表等,在实质性程序底稿窗口通过点击"表签"实现各个表页的切换查看。其中,审计程序表列示准备执行的实质性程序及执行人、相应底稿的索引号、涉及的财务报表认定与具体审计目标,审计程序表中显示的程序取决于"计划实施的实质性程序";审定表是汇总类底稿,汇总了明细表、检查情况表、具体程序表审计的情况,并记载该报表项目的审计结论;检查情况表通常使用统计抽样并结合职业判断,选择适当的样本量进行检查而形成。审定表、明细表、检查情况表、各种具体程序表的数据通常从财务数据表(如科目余额表、凭证表)中自动提取。审计人员可根据审计工作不同的需要,对工作底稿设置数据源,即设置数据提取的条件以及工作底稿与财务数据的对应关系,使工作底稿生成相应数据。

【例7—8】 审计人员现已完成对货币资金的风险评估,风险评估结果见表7—5。在了解相关内部控制后,执行了控制测试,控制测试结果见表7—6。审计人员根据风险评估与控制测试的结果设计了货币资金审计方案。现在审计人员要计划实施的实质性程序,并编辑"底稿目录"。

表7—5 风险评估结果汇总表

四、对重要账户和交易采取的进一步审计程序方案(计划矩阵)									
重要账户或列报	识别的重大错报风险								相关控制预期是否有效	总体方案
^	相关认定								^	^
^	存在	发生	完整性	权利和义务	计价和分摊	准确性	截止	分类	列报和披露	^	^
货币资金	低	不适用	低	低	低	不适用	不适用	不适用	低	是	综合性方案

表7—6 控制测试汇总表

交易、账户余额和披露	项目	相关认定								
^	^	存在	发生	完整性	权利和义务	计价和分摊	准确性	截止	分类	列报和披露
货币资金	控制测试结果是否支持风险评估结论	支持	不适用	支持	支持	支持	不适用	不适用	不适用	支持
货币资金	需从实质性程序获取的保证程度	低	不适用	低	低	低	不适用	不适用	不适用	低

操作步骤如下:

(1)在菜单栏的"会计报表"菜单选择"计划实施的实质性程序",或者在系统操作主界面的功能区"计划阶段",点击【计划实施的实质性程序】,打开"计划实施的实质性程序"窗口(如图7—39所示)。这个窗口列示了审计目标与财务报表认定及可供选择的审计程序之间的关系。

(2)在左侧窗体选中"货币资金"底稿,风险评估与控制测试的结果已在此窗口生成。

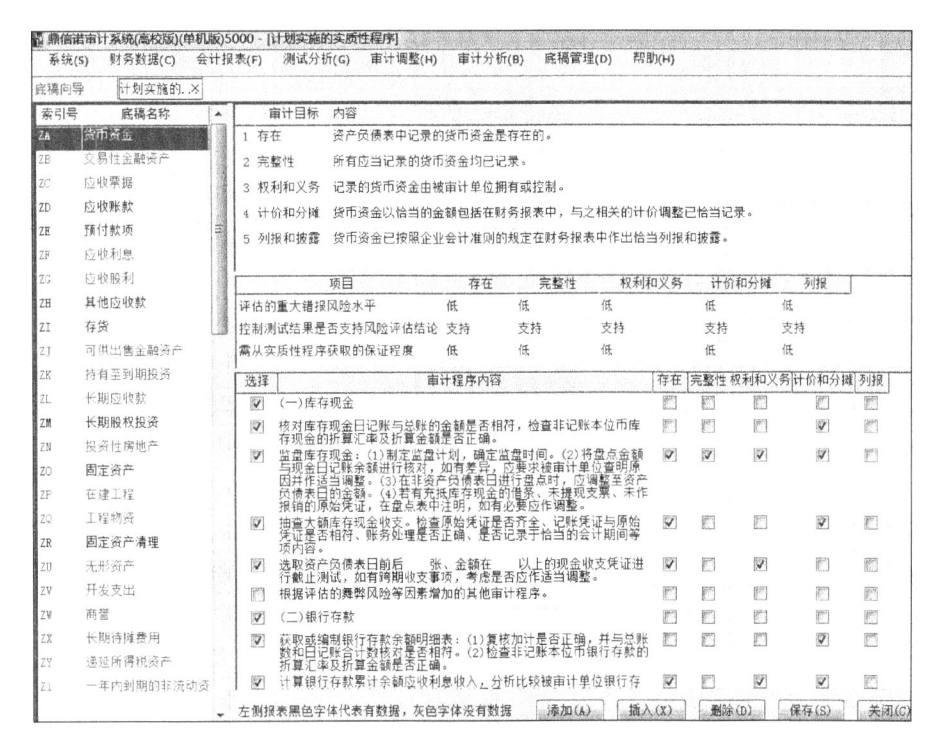

图7-39 计划实施的实质性程序

(3)在右侧窗体"审计程序"前的选择框内进行审计程序的选择。系统默认全选,审计人员根据被审计单位的具体情况经过判断做出选择,将不打算执行的程序前的选择框内的"√"去掉,比如,去掉"根据评估的舞弊风险等因素增加的其他审计程序""其他货币资金"有关的所有程序。

(4)点击【保存】按钮,完成实质性程序的选择。

(5)关闭"计划实施的实质性程序"窗口。

(6)打开"货币资金"底稿,切换到"审计程序"表页,可以看到只显示了被选择出来的程序。如果底稿之前已被打开,则需要点击【更新】,或者点击【删除数据源】,再点击【生成】。

(7)切换到"底稿目录"表页,点击"是否编号"列与序号1"审计程序"交叉的单元格,在弹出的下拉列表中选择"不编号";分别点击"是否编号"列与序号6"披露表"、序号9"外币货币资金核查表"、序号13"对其他货币资金余额调节表的检查"、序号19"其他货币资金截止测试"、序号22"其他货币资金检查情况表"交叉的单元格,在弹出的下拉列表中选择"置空"(见表7-7)。

(8)为编号"置空"的表页在"是否显示"列双击做"否"的选择(见表7-7)。

表7-7 底稿目录

序号	表页名称	索引号	上级表页名	是否编号	手工编号	是否显示
1	审计程序	ZA		不编号		是
2	审定表	ZA—001		编号		是
3	账项明细表	ZA—002		编号		是

续表

序号	表页名称	索引号	上级表页名	是否编号	手工编号	是否显示
4	银行存款明细表	ZA—003		编号		是
6	披露表(标准)			置空		否
8	库存现金监盘表	ZA—004		编号		是
9	外币货币资金核查表	ZA—005		置空		否
10	银行存单检查表	ZA—006		编号		是
11	银行存款未达账项调节表	ZA—007		编号		是
12	对银行存款余额调节表的检查	ZA—008		编号		是
13	对其他货币资金余额调节表的检查	ZA—009		置空		否
14	银行存款大额未达账项检查表	ZA—010		编号		是
15	银行存款(其他货币资金)函证结果汇总表	ZA—011		编号		是
16	函证结果调节表	ZA—012		编号		是
17	库存现金截止测试	ZA—013		编号		是
18	银行存款截止测试	ZA—014		编号		是
19	其他货币资金截止测试	ZA—015		置空		否
20	大额现金收支检查情况表	ZA—016		编号		是
21	银行存款收支检查情况表	ZA—017		编号		是
22	其他货币资金检查情况表	ZA—018		置空		否

（9）在鼎信诺审计加载项中选择"生成底稿目录"，底稿索引号重新进行编排，见表7—8。并且在"货币资金"底稿中"是否显示"选择为"否"的表页会隐藏起来。

表7—8　　　　　　　　　　　　　　底稿目录

序号	表页名称	索引号	上级表页名	是否编号	手工编号	是否显示
1	审计程序	ZA		不编号		是
2	审定表	ZA—001		编号		是
3	账项明细表	ZA—002		编号		是
4	银行存款明细表	ZA—003		编号		是
6	披露表(标准)			置空		否
8	库存现金监盘表	ZA—004		编号		是
9	外币货币资金核查表			置空		否
10	银行存单检查表	ZA—005		编号		是
11	银行存款未达账项调节表	ZA—006		编号		是
12	对银行存款余额调节表的检查	ZA—007		编号		是
13	对其他货币资金余额调节表的检查			置空		否
14	银行存款大额未达账项检查表	ZA—008		编号		是
15	银行存款(其他货币资金)函证结果汇总表	ZA—009		编号		是

续表

序号	表页名称	索引号	上级表页名	是否编号	手工编号	是否显示
16	函证结果调节表	ZA—010		编号		是
17	库存现金截止测试	ZA—011		编号		是
18	银行存款截止测试	ZA—012		编号		是
19	其他货币资金截止测试			置空		否
20	大额现金收支检查情况表	ZA—013		编号		是
21	银行存款收支检查情况表	ZA—014		编号		是
22	其他货币资金检查情况表			置空		否

【实训一】

资料：

第六章操作完成的"学生项目"。

要求：

1. 为货币资金项目计划实施的实质性程序。
2. 完成银行存款的函证程序。
3. 编制银行存款相关的底稿，进行底稿签名（批量签名）。

【实训二】

资料：

【实训一】操作完成的"学生项目"。

要求：

1. 分别用两种方法完成应付账款的替代测试。
2. 编制相关的底稿（替代测试表与其他底稿编制人不同），进行底稿签名（先对替代测试表运用当前表页签名，再对其他底稿运用批量签名）。

【实训三】

资料：

【实训二】操作完成的"学生项目"。

要求：

1. 针对已批量签名的货币资金底稿，银行存款明细表为另一审计人员编制，运用当前表页签名进行修改。
2. 比较【实训二】2（先当前表页签名，再批量签名）与【实训三】1（先批量签名，再当前表页签名）两种方式，对底稿二次签名后，前一次的签名是否被覆盖？

第八章 审计调整

鼎信诺审计系统中"审计调整"菜单包括负值重分类调整、报表级调整分录、账表差异调整（期初、期末）、调整分录维护（期初、期末）、账项调整分录汇总表、重分类调整分录汇总表、列报调整汇总表、未更正错报汇总表、导出调整分录、导入调整分录这些子菜单（如图8－1所示）。

第一节 负值重分类调整

一、负值重分类调整的含义

负值重分类调整包括审计重分类调整和账表差异调整。

(一)账表差异调整

对于某些明细账（往来科目居多）有负值余额的科目，被审计单位在编制财务报表时可能已经做了重分类调整，即被审计单位报表项目是按照明细账余额分析填列的。鼎信诺审计系统中未审会计报表的"未审数"是由"账面数"生成的，而"账面数"取自总账余额，与"报表数"即被审计单位提供的会计报表的数额，二者之间就会有差异，称之为"账表差异"，实际上是账面数与被审计单位报表之间的差异。系统需要调整这种差异，将系统中"未审数"调整为正确的金额，称之为"账表差异调整"。

(二)审计重分类调整

对于某些明细账有负值余额的科目，被审计单位在编制财务报表时也可能没有做重分类调整，即被审计单位报表项目是按照总账余额填列的。此时，在不存在其他错报的前提下，鼎信诺审计系统中未审会计报表的"未审数"与"报表数"核对一致，但存在着重分类错报，需要就这一错报做审计重分类调整。

(三)账表差异调整与重分类调整的区别

"账表差异调整"不属于审计调整，因为账表差异不是错报。它调整的是未审数，会影响未审会计报表、试算平衡表、审定会计报表的未审数，其调整分录不在实质性程序底稿审定表中出现。当完成数据初始化，在未审会计报表中发现系统生成的报表项目的未审数与被审计单位的报表数不一致的时候，首先验证是否属于"账表差异"。

"重分类调整"是就重分类错报进行的审计调整，它调整的是审定数，会影响试算平衡表、审定会计报表的审定数，其调整分录在实质性程序底稿审定表显示。

二、负值重分类调整的操作

负值重分类调整的操作步骤如下：

（1）选择菜单"审计调整/负值重分类调整"（如图8－1所示），系统弹出"负值重分类调整"窗口（如图8－2所示）。

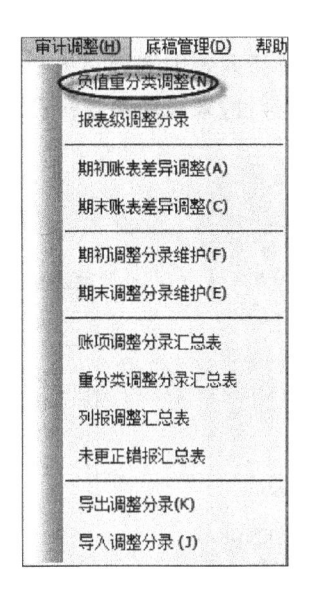

图 8—1 负值重分类调整菜单

图 8—2 负值重分类调整窗口

(2)选择过滤条件,过滤出期初或期末余额小于零的科目(或辅助核算项目),然后选择要调整的科目(或辅助核算项目),即在其前面的框内打"√",可用"shift"键协助选择多项。

(3)判断是账表差异还是重分类错报,并做出相应的选择(如图8—2所示)。一般而言,如果未审报表中"未审数"与"报表数"有差异,则属于账表差异;如果"未审数"与"报表数"一致,则属于重分类错报。

(4)选择重分类至对方科目(如图8—2所示)。

重分类至对方科目有两种操作方式：

①双击对方科目栏，从弹出的科目列表中选择对方科目，点击【确定】，完成科目对应。如果没有找到对方科目，则点击【添加科目】来添加同级科目或下级科目(如图8－3所示)。

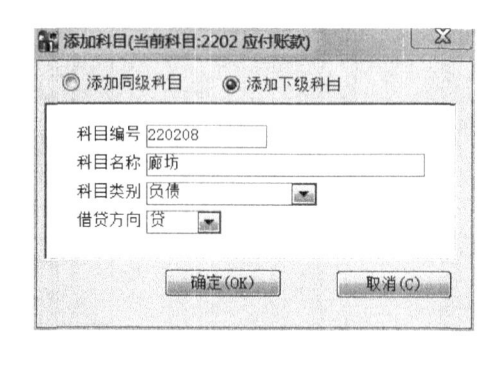

图8－3　添加科目

②点击"自动对应"，弹出"设置科目对应关系"窗口，在右侧科目列表中选择对方科目，然后拖拽到左侧窗体的对方科目编号处再放开，即完成对方科目对应(如图8－4所示)。

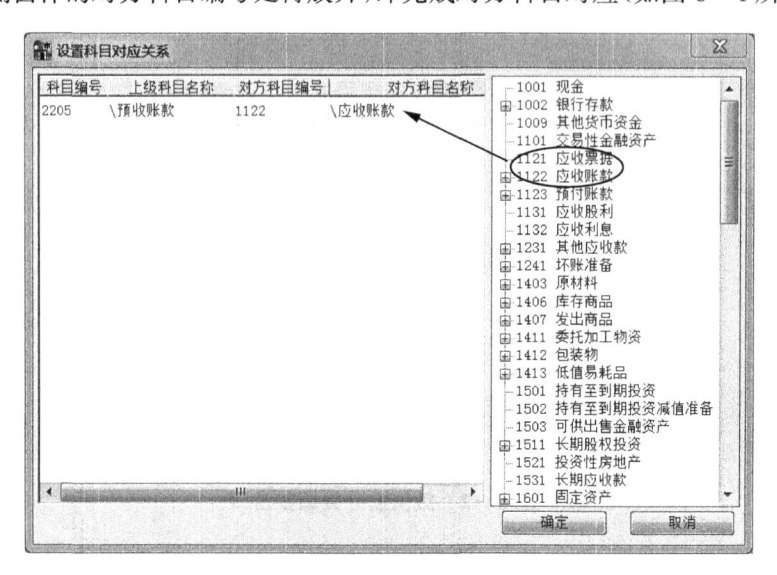

图8－4　自动对应

> **注意:**
> (1)在自动对应方式下,虽然只选择一级科目对应,但系统会自动在对方科目下生成明细科目或辅助核算项目。
> (2)如果对方科目下含有辅助核算项目,那么对方一级科目不能自动对应到要调整的科目上,需要选择对方科目下的辅助核算项目进行对应。或者选择双击对方科目栏的方式对应。
> (3)如果一级科目及其明细科目或辅助核算项目都是负值余额,那么只能选择明细科目或辅助核算项目进行负值重分类调整,不能对一级科目进行调整。

(5)点击【期初调整】或【期末调整】按钮,即完成负值重分类调整(如图 8-2 所示)。

三、账表差异调整分录的维护

"账表差异调整分录"的维护(包括添加、插入、删除),可以通过"审计调整/账表差异调整(期初或期末)"菜单功能来实现。

下面以期末账表差异调整为例,说明其具体操作步骤。

(1)选择"审计调整/期末账表差异调整"子菜单,系统弹出"期末账表差异调整"窗口(如图 8-5 所示)。

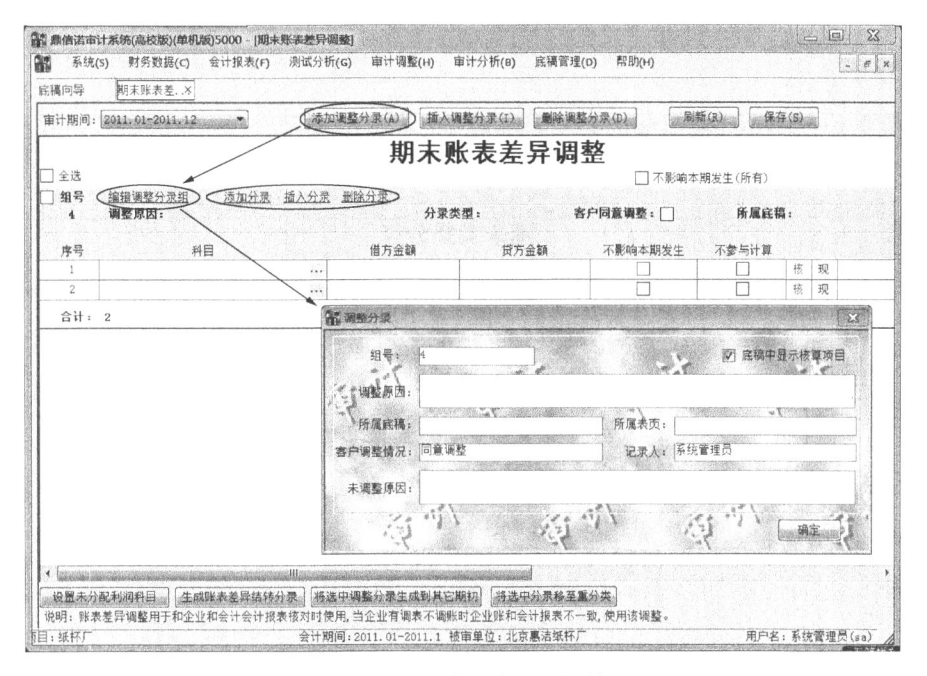

图 8-5 期末账表差异调整

(2)在上部窗体中点击【添加调整分录】按钮,在窗体下部出现空白调整分录组。

(3)再点击【编辑调整分录组】按钮,弹出"调整分录"窗口,在该窗口中输入或选择调整原因、所属底稿、所属表页、记录人、客户调整情况和未调整原因,点击【确定】按钮。

(4)在窗体下部空白调整分录组中输入调整分录,再点击【保存】按钮。

账表差异调整的具体操作与审计调整的操作相类似,具体细节说明参见本章第二节"审计调整分录维护"。

> **注意：**
> (1)期初账表差异与期末账表差异应分别做调整操作，期初账表差异调整不需要生成到期末，期末账表差异调整也不需要生成到下期期初。
> (2)对于做了账表差异调整的差异，发现是重分类错报的，可以在这个窗口实现将其移至重分类调整中。

第二节 审计调整分录维护

在审计过程中，如果发现错报，即被审计单位对交易与事项的确认、计量或列报与适用的财务报告编制基础(如企业会计准则)应当列示的金额、分类、列报或披露之间存在的差异，需要编制审计调整分录。按照错报产生的时间不同，在鼎信诺审计系统中审计调整分录分为期末调整分录和期初调整分录。

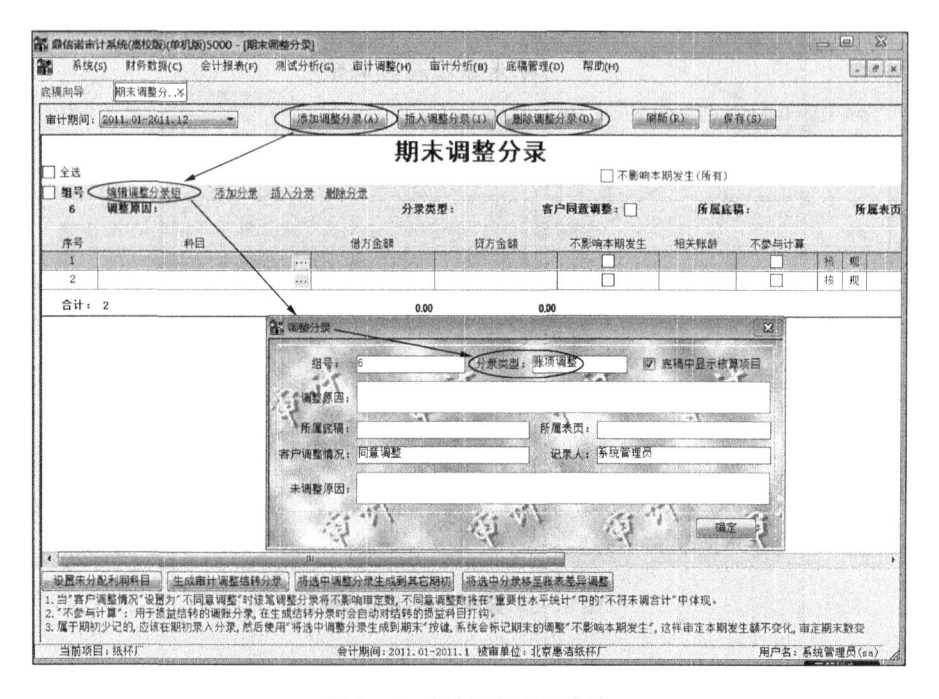

一、期末调整分录维护

(一)期末调整分录维护的操作步骤

(1)选择"审计调整/期末调整分录维护"子菜单，系统弹出"期末调整分录"窗口(如图8－6所示)。

图8－6 期末调整分录维护

(2)在"期末调整分录"窗体中点击【添加调整分录】按钮，在窗体下部出现空白调整分录组。

(3)点击【编辑调整分录组】按钮,弹出"调整分录"窗口。

在该窗口中输入或选择分录类型、调整原因、所属底稿、所属表页、记录人、客户调整情况和未调整原因,点击【确定】按钮。

"调整分录"窗口相关项目说明如下:

①"分录类型"需要点击输入框,在下拉列表中选择账项调整或重分类调整。账项调整既要调表又要调账,重分类调整只需要调表不需要调账。

②"所属底稿"主要在导入/导出底稿时用到。

【例8-1】 A、B两个审计人员分工做一个审计项目,A负责资产类底稿编制,B负责其他工作。A完成底稿编制工作后利用"底稿管理/导出底稿"功能将自己做的底稿导出为*.sjt类型的文件,然后将这个文件拷贝给B。B通过"底稿管理/导入底稿"功能将此文件导入自己的项目中,此时B的电脑中的项目就合成一个完整的审计项目。

A做了如下一笔调整分录(假设不考虑对增值税的影响):

借:应收账款　　　　　　　　　　　　　　　　　　　　　　　　200 000
　　贷:营业收入/主营业务收入　　　　　　　　　　　　　　　　　200 000

如果A没有选择"所属底稿"中的应收账款或营业收入,把底稿导给B后,完整的项目中将不会包含此笔调整分录;如果A选择了"所属底稿"中的应收账款或营业收入,把底稿导给B后,完整的项目中则包含此笔调整分录。

③"客户调整情况"有"同意调整"和"不同意调整"两个选项。如果选择了"不同意调整",那么此笔调整分录将被暂停,不起任何作用,不会影响审定数。

(4)在窗体下部空白调整分录组中输入调整分录。"科目"可以手工输入,也可以点击⋯按钮,在弹出的科目列表中进行选择。

(5)录入完毕后,点击【保存】按钮。

> **注意:**
> 在"期末调整分录"窗口,可以按"组"添加多组调整分录。添加每一组调整分录后,可以在该组调整分录内逐条"添加"调整分录。

(二)期末调整分录维护窗口的其他功能

1. 插入调整分录

在"期末调整分录"窗口,插入调整分录的操作与添加调整分录的操作完全相同,只不过"添加"是在已有的调整分录(组)的后面增加,而"插入"是在指定的某个调整分录(组)前面增加。

2. 删除调整分录

在实际审计工作中,如果需要删除某一组调整分录,在"期末调整分录"窗口,选择该调整分录组号,在窗口上方点击【删除调整分录】按钮(如图8-6所示)。系统弹出提示对话框(如图8-7所示)。点击【是】按钮,即删除该组调整分录,然后点击【保存】按钮,最后点击【刷新】按钮,所有表页审定表及明细表调整数和审定数的数据会发生变化。

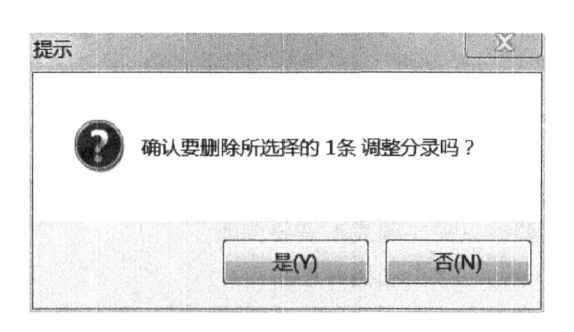

图 8—7　删除调整分录提示对话框

如果只想删除该组调整分录里的一条或几条调整分录,而不是删除组内所有的调整分录,审计人员可在调整分录组里单独选择需要删除的调整分录行,然后点击该组内的【删除分录】按钮(如图 8—8 所示)。

图 8—8　删除调整分录

3. 生成审计调整结转分录

"生成审计调整结转分录"按钮是将审计调整的损益类科目对利润的影响额直接结转到"利润分配/未分配利润"科目中。

【例 8—2】　审计人员做了一笔审计调整分录(假设不考虑对增值税的影响):

借:营业收入/主营业务收入　　　　　　　　　　　　　　20 000
　　贷:应收账款　　　　　　　　　　　　　　　　　　　　　　20 000

点击【生成审计调整结转分录】按钮后,系统将自动添加以下调整分录:

借:利润分配/未分配利润　　　　　　　　　　　　　　　20 000
　　贷:主营业务收入　　　　　　　　　　　　　　　　　　　　20 000

此时,在新生成的该调整分录组内,系统将主营业务收入科目后面的"不参与计算"自动选择,从而系统在汇总损益调整数时就不会包含这笔 20 000 元的结转额。

> **注意:**
> 一笔调整分录只能结转一次。建议在调整分录全部录完后,再点击【生成审计调整结转分录】按钮,系统会一次结转所有的损益类科目。

4."设置未分配利润科目"

"设置未分配利润科目"按钮是设置损益类科目进行自动结转时的对应科目,系统默认设置是"未分配利润",通常在数据初始化时就已设置完成。

5."将选中调整分录生成到其他期初"

"将选中调整分录生成到其他期初"按钮,是在多年连续审计编制滚调分录时使用,具体操作见本节"三、滚调分录"。

6."将选中的分录移至账表差异调整"

如果发现做了审计重分类调整的分录应属于账表差异,则使用此功能进行转移。

(三)影响现金流的审计调整

审计调整直接涉及现金及现金等价物的调整发生的概率通常不大,但可能会涉及现金流量表补充资料的项目,因此,在编制审计调整分录过程中需要选择其影响的现金流量表项目(如图8-9所示)。

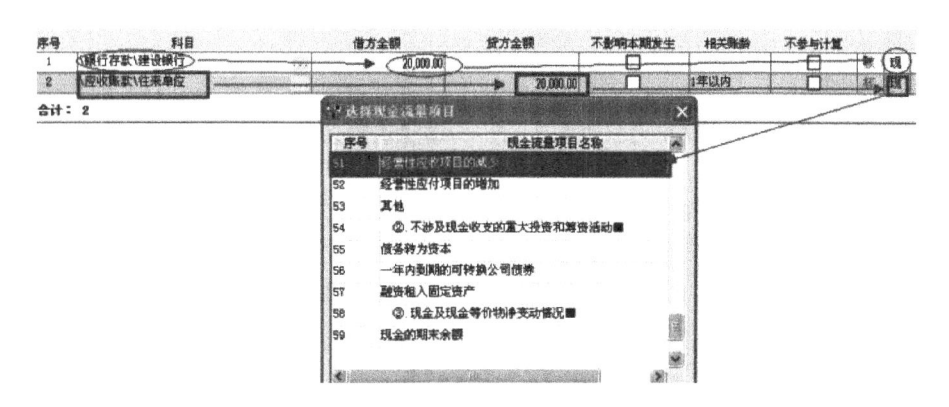

图8-9 审计调整涉及现金流量表项目时的操作

在调整分录组内,如果调整分录涉及辅助核算项目,则在辅助核算项目后面的"核"字会变成红色。

二、期初调整分录维护

选择"审计调整/期初调整分录维护"子菜单,系统弹出"期初调整分录"窗口。具体操作参见"期末调整分录维护"。

在"期初调整分录"窗口的"将选中调整分录生成到期末"按钮,是将期初的调整分录生成到期末调整分录,用以确定期初调整对期末审定数的影响。

三、滚调分录

如果有两年或两年以上的财务数据,系统可以将审计调整分录数据从本年的期末调整到下一年的期初;或者将本年期初调整分录调整到本年期末。

【例8-3】 20×1年应收账款的调整分录需要滚调到20×2年的期初。

具体操作步骤如下:

(1)选择"审计调整/期末调整分录维护"菜单,打开"期末调整分录"窗口(如果尚无调整分录,则先添加一笔调整分录,点击【保存】按钮),如图8-10所示。

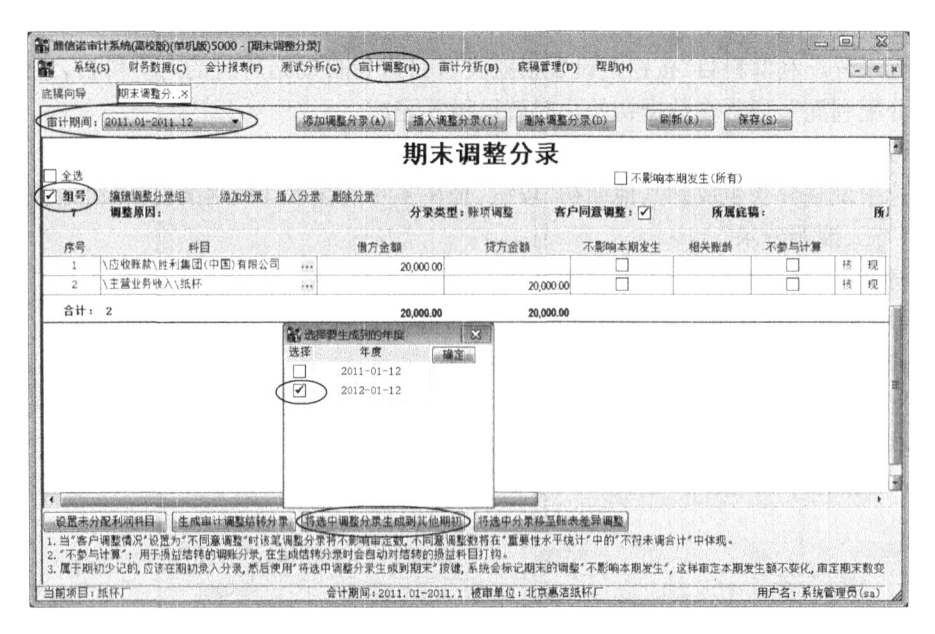

图 8-10 "滚调分录——期末调整分录"窗口

(2)在"期末调整分录"窗口左上角"审计期间",点击下拉按钮,选择"20×1.01-20×1.12",即 20×1 年全年的账套(如图 8-10 所示)。

(3)点击第七组的组号,再点击【将选中调整分录生成到期初】按钮,窗口下方弹出"选择要生成到的年度"子窗口,该窗口显示项目中所有的账套,选择 20×2 年,点击【确定】按钮(如图 8-10 所示)。

(4)系统弹出 20×2 年"期初调整分录"窗口,并显示调整原因,点击【保存】按钮,滚调分录完成(如图 8-11 所示)。

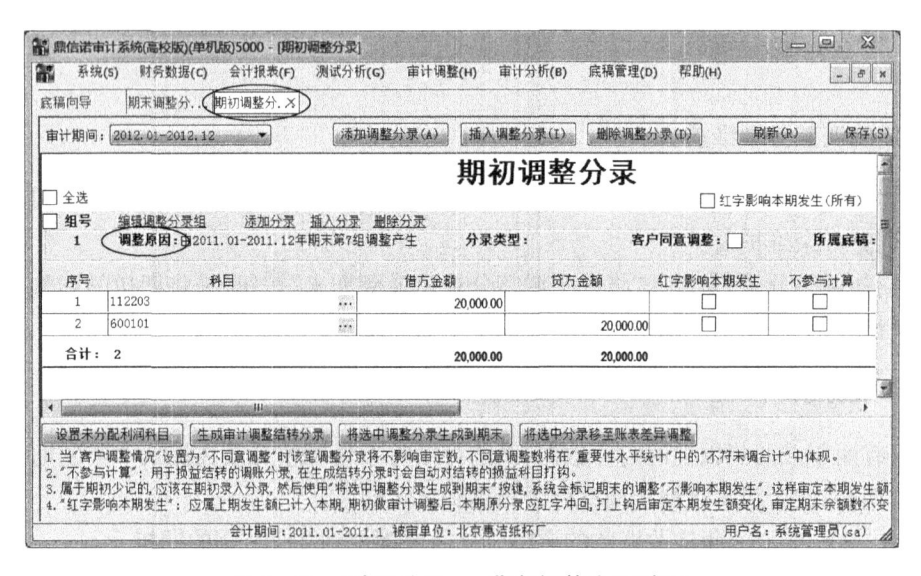

图 8-11 "滚调分录——期初调整分录"窗口

> 提示：
> (1)关于"不影响本期发生额"。一般是属于上期的错报，企业一直未更正，所以本期审计时做期初调整，并需要滚调到期末。该调整数只影响本期期末数，而不应该影响本期发生额。因此，如果做了期初调整，运用"将选中调整分录生成到期末"功能，滚调至期末时，在期末调整窗口，系统对生成的期末调整分录自动选择"不影响本期发生"，则该滚调金额只影响期末数。
> (2)关于"红字影响本期发生额"。一般是属于上期的错报，企业在本期才做更正，所以本期审计时需要做期初调整，同时选择"红字影响本期发生额"，红字冲销被审计单位在本期做的更正调整(即体现上期错报应调整期初而不应该调整本期数)，且期初的调整不用再滚调至期末，即无须调整期末数，因为被审计单位的期末数是正确的。

【例 8—4】 注册会计师在上年审计时针对被审计单位的多计增值税进项税额错报提出调整建议，编制调整分录为：

　　借：存货——原材料(备品备件)　　　　　　　　　　　　　22 214.75
　　　　贷：应交税费——应交增值税(进项税额)　　　　　　　　22 214.75

情形 1：假定对该错报被审计单位一直未做调整。
情形 2：假定对该错报被审计单位在本年 6 月份做了会计差错调整，编制会计分录如下：

　　借：原材料(备品备件)　　　　　　　　　　　　　　　　　22 214.75
　　　　贷：应交税费——应交增值税(进项税额)　　　　　　　　22 214.75

针对上述两种情形，本年审计时注册会计师在鼎信诺审计系统中应该如何操作呢？
情形 1 的操作步骤(如图 8—12、图 8—13 所示)如下：

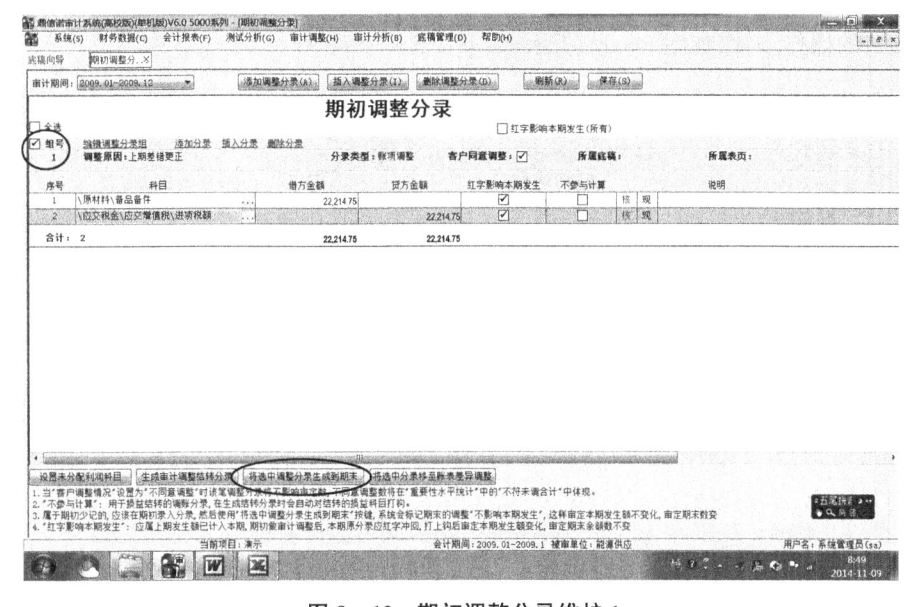

图 8—12　期初调整分录维护 1

(1)打开期初调整分录维护窗口,并编制期初调整分录:借记"原材料(备品备件)22 214.75元",贷记"应交税费——应交增值税(进项税额)22 214.75元"。

(2)选中上述调整分录组,并点击"将选中调整分录生成到期末"。

(3)系统生成期末调整分录,在自动打开的"期末调整分录维护"窗口,选择"不影响本期发生"。

(4)点击【保存】。

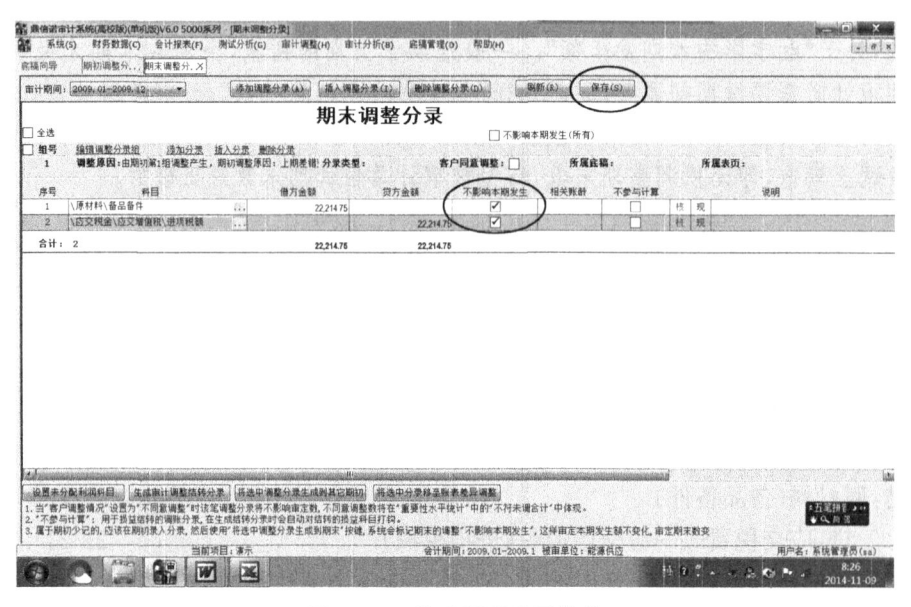

图8-13 期末调整分录维护

情形2的操作步骤(如图8-14所示)如下:

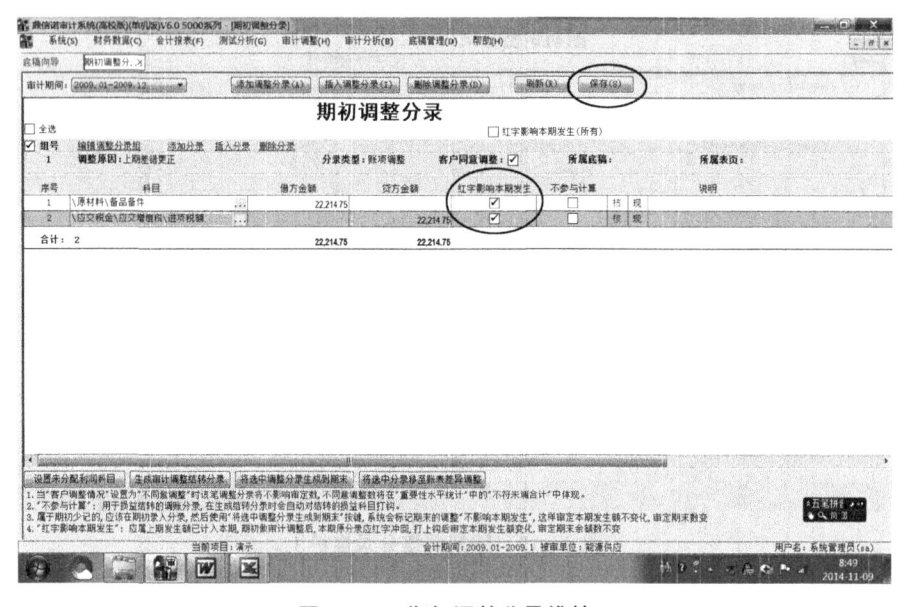

图8-14 期初调整分录维护2

(1)打开期初调整分录维护窗口,并编制期初调整分录:借记"原材料(备品备件)22 214.75元",贷记"应交税费——应交增值税(进项税额)22 214.75元"。

(2)在上述调整分录组内选择"红字影响本期发生"。

(3)点击【保存】。

四、报表级调整分录

选择"审计调整/报表级调整分录"子菜单,弹出"报表级调整分录"表页,包括"期初报表调整分录""期末报表调整分录"两张表页(如图8－15所示)。在此表页中,审计人员可以直接录入报表项目的调整分录,这些调整分录会越过"实质性程序底稿"直接过入"已审会计报表"。

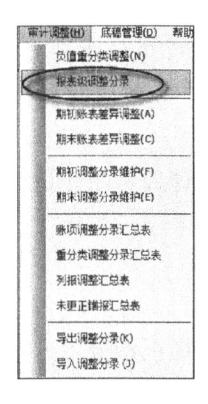

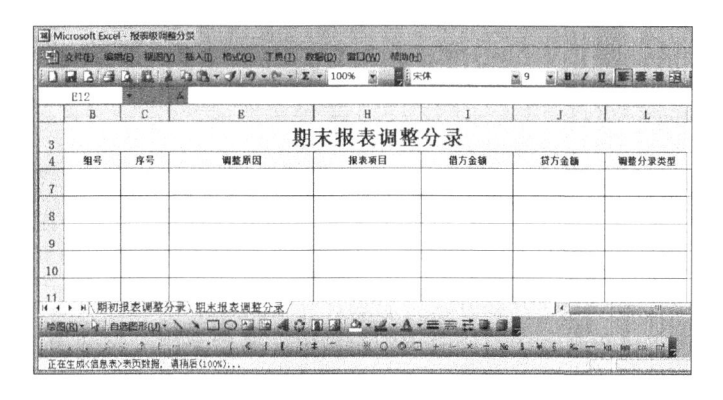

图8－15 报表级调整分录1

操作方法如下:

录入"组号""序号""调整原因",点击【报表项目】,在下拉列表中选择需要调整的项目,在"借方金额""贷方金额"项目下录入调整金额,点击【调整分录类型】,在下拉列表中选择分录类型,复核无误后点击【保存】按钮(如图8－16所示)。

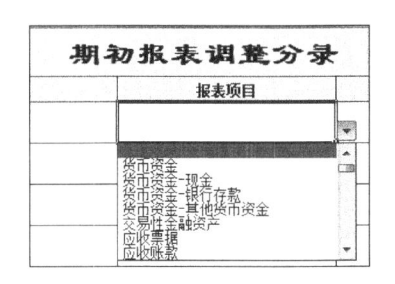

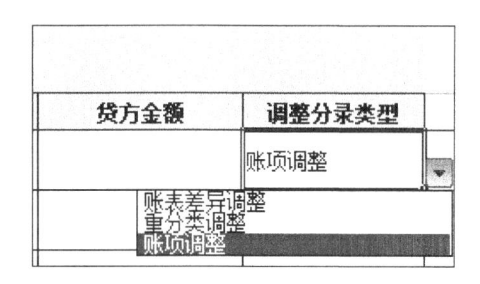

图8－16 报表级调整分录2

> **注意:**
> 报表级调整分录功能与科目调整功能不兼容,如果使用了报表级调整分录功能,在审计调整菜单下做的科目调整都没法在底稿反映,因此,报表级调整一般不建议使用。通常审计人员遇到很棘手的审计项目时,才会使用此功能快速编制调整分录,形成"已审会计报表",出具审计报告,之后再在鼎信诺审计系统中编制底稿级调整分录。

五、账项调整分录汇总表、重分类调整分录汇总表、列报调整汇总表、未更正错报汇总表

(一)账项调整分录汇总表

在"审计调整"功能菜单下,单击"账项调整分录汇总表",打开账项调整分录汇总表(包括期初、期末表页),审计人员编制的所有账项调整分录都会显示在这张表页里。

(二)重分类调整分录汇总表

操作方法同账项调整分录汇总表。审计人员编制的所有重分类调整分录都会显示在这张表页里。

(三)列报调整汇总表

操作方法同账项调整分录汇总表。

在列报调整汇总表中,第二张表页是"注意事项"表页,归集对所有底稿的审计说明、建议披露事项、提请关注事项、审计结论。在实质性底稿中,使用"底稿信息"功能填写的审计说明等内容都会归集到这里。

在列报调整汇总表中,第三张表页是"未实施的审计程序"表页,审计人员在计划实施的实质性程序时,未选择的程序,也就是未实施的审计程序,都显示在这里。

(四)未更正错报汇总表

操作方法同账项调整分录汇总表。

未更正错报汇总表显示已识别而被审计单位未接受调整建议的未更正错报。

六、导出调整分录、导入调整分录

当多人协作完成一个审计项目时使用该功能,做过调整分录的审计人员可以导出该调整分录,其他审计人员可以导入该调整分录到自己的项目中。

在"审计调整"菜单选择"导出调整分录""导入调整分录",打开"导出调整分录"窗口与"导入调整分录"窗口(如图8—17、图8—18所示)。

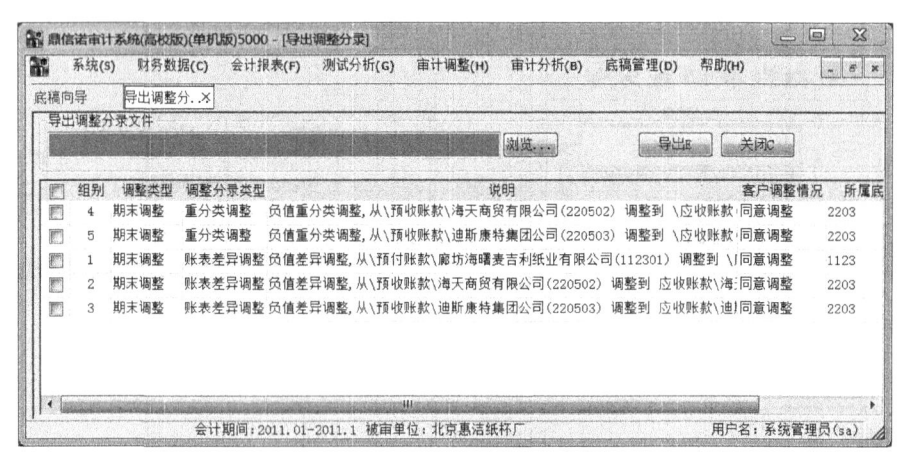

图8—17 导出调整分录

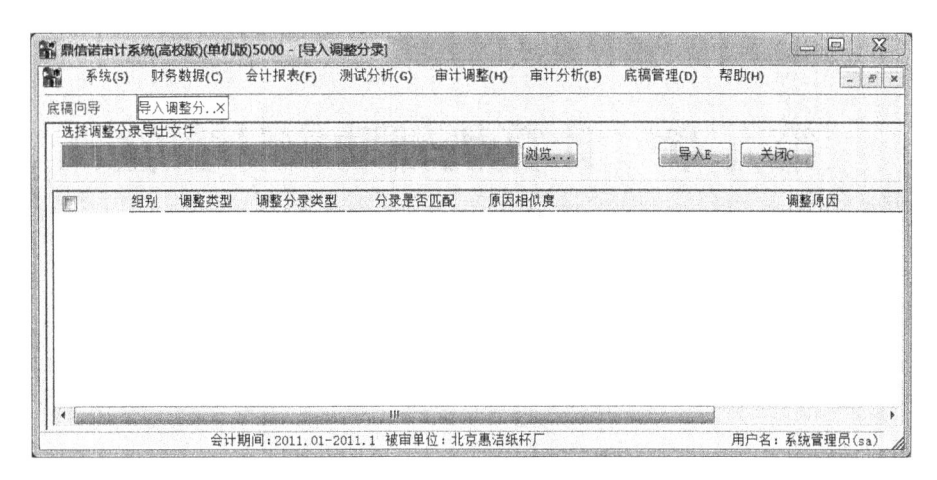

图 8—18　导入调整分录

【实训一】

资料：

第七章操作完成的"学生项目"。假定所有结算类账户负值余额均为账表差异。

要求：

1. 完成负值重分类操作。
2. 完成账表差异调整操作（分别练习与对应科目的手工对应和自动对应）。

【实训二】

资料：

【实训一】操作完成的"学生项目"。

假设被审计单位存在如下错报：

1. 提前确认收入 1 000 000 元（借记"应收账款"，贷记"主营业务收入"）。
2. 年末采购材料 500 000 元，货到单未到，未估价入账。
3. 资产负债表货币资金项目含有尚有两年到期的定期存款 1 000 000 万元。

要求：

1. 编制审计调整分录。
2. 导出调整分录。
3. 查看调整分录汇总表和重分类调整分录汇总表。

第九章　计算机辅助审计实验

第一部分　实验的组织

一、计算机辅助审计实验的准备

(一)师资准备

配备计算机辅助审计模拟实验指导教师,负责组织和指导实验全过程,引导学生按照审计流程完成审计模拟实验,启发学生发现问题、分析问题、解决问题,答疑解惑。

(二)专业知识准备

学生应完成财务会计、会计综合模拟实训、财务成本管理、企业管理、经济法、税法、会计信息化、审计学等相关课程的学习,掌握审计所需要的相关专业知识。

(三)物质资料准备

在实验过程中需要准备如下资料:

(1)库存现金(可用点钞练功券代替);

(2)存货(可制造模型或用标注存货名称、规格、型号、数量的明细卡代替);

(3)固定资产(可制造模型或用标注固定资产名称、规格、型号、数量的明细卡代替);

(4)银行函证回函内容(可设计多种情形);

(5)应收账款、应付账款函证回函内容(可设计多种情形);

(6)其他(根据需要自行收集或编制其他资料)。

指导教师与实验学生可以自行考虑设计内容来准备有关资料。

(四)人物角色准备

1.审计主体

模拟会计师事务所的组织结构和审计项目组的构成,实施审计。

(1)项目合伙人1人。

(2)现场负责人(项目经理)1人。

(3)项目组成员若干人。

2.被审计单位

模拟被审计单位管理层、财务(会计)部门、销售部门、仓库等部门相关人员,配合审计,接受询问等。

3.外部第三方

模拟被审计单位的往来单位及银行等外部单位部门相关人员,对函证予以回函,解答询问等。

注:这三种角色可由学生分组担任,也可轮流担任或交叉担任。

二、审计模拟实验的步骤及相关情形设定

(一)角色分工

按照角色需要进行分组及分工,并成立审计项目小组。每组为自己的会计师事务所命名,设定通信地址、邮政编码、联系人等。

(二)实施审计模拟操作

按照审计流程,开展注册会计师财务报表审计业务。

1. 初步业务活动

执行初步业务活动,据以确定是否接受或保持审计业务。

(1)初步了解被审计单位及其环境。
(2)评价被审计单位的治理层、管理层是否诚信。
(3)评价会计师事务所与注册会计师遵守职业道德的情况。
(4)签订审计业务约定书。

假设情形举例:

①不存在影响注册会计师独立性的情形与因素。
②项目组成员熟悉轻工制造业,项目组关键人员具有执行类似业务的经验,具备必要的技能和知识。在需要时,能够得到专家的帮助。
③商定审计收费、审计报告提交的时间等。
④在审计业务约定书中可以约定提供管理建议书,也可以没有此项约定。

2. 计划审计工作

(1)初步确定重要性水平。
(2)初步识别可能存在较高重大错报风险的领域。
(3)制定总体审计策略。
(4)制订具体审计计划(本阶段主要是计划实施的风险评估程序的性质、时间和范围)。

假定情形举例:

①注册会计师职业判断确定重要性水平的基准及比率,如资产总额的 0.5%,收入的 0.5%,或者净利润的 1%。
②注册会计师确定可接受的审计风险水平为 3%。

3. 风险评估

实施风险评估程序,了解被审计单位及其环境,识别与评估重大错报风险,确定是报表层次重大错报风险还是认定层次重大错报风险。

4. 风险应对

针对报表层次重大错报风险采取总体应对措施;针对认定层次重大错报风险,设计与实施进一步审计程序(控制测试与实质性程序),收集审计证据。

对形成的审计工作底稿实施复核(项目组成员相互复核)。

5. 完成审计工作

(1)汇总审计差异,提请被审计单位调整报表或适当披露。
(2)对调整后的财务报表总体合理性实施分析程序。
(3)复核审计工作底稿并评价审计结果。
①综合评价获取的审计证据(充分性、适当性)。

②最终评价重要性水平。
③最终评价审计风险。
(4)形成审计意见并草拟审计报告。
(5)与被审计单位管理层、治理层沟通。
(6)出具审计报告。

(三)考核评价

学生完成计算机辅助审计模拟实验后,应将所形成的审计工作底稿装订归档;撰写实验报告,谈心得体会,提出改进模拟实验的建议。

注:审计工作底稿以实验小组为单位提交,实验报告每个学生提交一份。

实验成绩可由两部分构成:

一是指导教师对学生提交的审计工作底稿及实验报告进行评阅,并结合学生在实验中的表现,对每一位学生做出恰当的评价,给出成绩,占总成绩的70%。

二是小组内学生互评,占总成绩的30%。

三、实验总体要求

本实验需要在课堂上进行机上操作,通常实验室的终端机都做了写保护设置,而实验项目具有连续性的特征,因此需要学生为实验准备存储设备(例如 U 盘),每次课结束时备份自己创建的审计项目,以便下次课恢复项目继续完成实验。

本实验项目主要是训练学生利用鼎信诺审计软件执行注册会计师财务报表审计业务,各项实验可结合第二章至第八章的学习同步进行。

对于初步业务活动、计划审计工作、风险评估、控制测试未单独设置实验项目,指导教师可以指导学生在鼎信诺审计系统的"底稿向导"中简单操作,了解各类底稿之间的相互联系。

第二部分 实验资料

一、背景资料

20×1年初,某会计师事务所与北京惠洁纸杯厂达成年报审计意向,经初步业务活动,最终该会计师事务所接受委托,按《中国注册会计师审计准则》对北京惠洁纸杯厂20×1年的财务报表进行审计。

北京惠洁纸杯厂20×0年财务报表由华天会计师事务所审计,20×1年接任的会计师事务所已就北京惠洁纸杯厂20×0年的审计事项与华天会计师事务所取得联系,评价其专业胜任能力和独立性,其结果令人满意。与前任注册会计师沟通后,取得并审阅上一期审计报告,已证实:财务报表20×1年初余额不存在对本年财务报表有重大影响的错报和漏报。因此,本次审计不专门对北京惠洁纸杯厂财务报表的年初余额进行全面审计。

二、被审计单位的基本资料

(一)企业基本情况简介(见表9—1)

表 9-1　　　　　　　　　　　　　　　　企业基本情况简表

企业名称:北京惠洁纸杯厂	法定代表人:赵海亮(经理)
厂址:北京市昌平区西辛丰工业区沙河路1001号	邮政编码:100028
联系电话:010-62567890	联系人:李金曲
电子邮箱:hjzb@bjhjzbc.com.cn	网址:www.bjhjzbc.com.cn
企业类型:有限责任公司	企业代码:410203829

北京惠洁纸杯厂成立于2000年2月,注册资本为500万元整,员工56人,厂区占地近1万平方米,厂房建筑面积为1000平方米。

经营范围为生产和销售纸杯、纸碗,主要产品有2种规格。全部销售业务均为内销。注册商标是"惠洁"。

(二)股权结构(如图9-1所示)

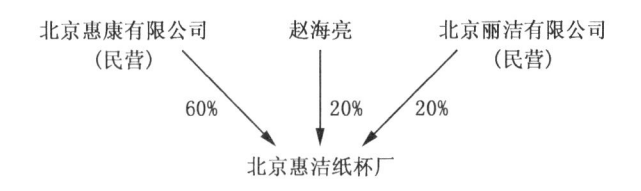

图 9-1　股权结构图

(三)组织结构(如图9-2所示)

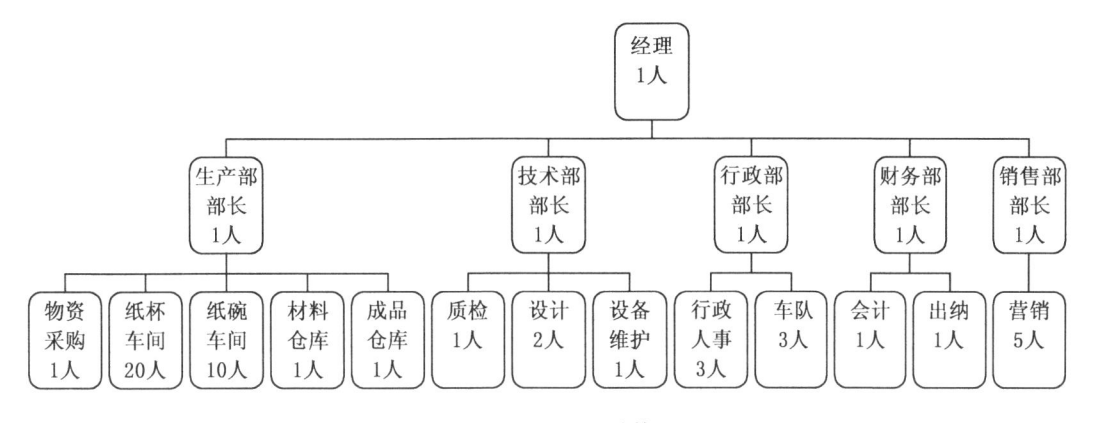

图 9-2　组织结构

(四) 会计岗位分工

财务部长(1人):审核业务,调度资金,进行财务分析,制订财务计划,参与企业经营决策;登记总账;填制各项税金纳税申报表;编制对外报送的会计报表。

核算会计(1人):编制材料采购、入库、领用等业务的记账凭证,登记材料核算的有关明细账;编制费用发生、分配及成本结转等业务的记账凭证,填列各种费用分配表和产品成本计算单,登记有关费用、成本明细账;编制销售、计提税金、结算损益及利润分配等业务的记账凭证,登记有关明细账。

出纳(1人):办理货币资金的收付业务,编制收、付款记账凭证,登记现金日记账、银行存款日记账和现金流量表台账,兼固定资产核算。

(五)开户银行资料

基本存款账户:交通银行北京沙河支行(账号:267—03012345)

一般存款账户:中国银行北京昌平分行(账号:410—06888068)

(六)税务资料

1. 纳税人登记号

其纳税人登记号为 310225511415054。

2. 主管税务机关

其主管税务机关为国家税务总局北京市昌平区税务局。

3. 税种及税率

(1)企业所得税:25%。

(2)增值税:16%(增值税一般纳税人)。

(3)城市维护建设税:7%(根据企业实际缴纳流转税税额计征)。

(4)教育费附加:3%(根据企业实际缴纳流转税税额计征)。

(5)土地使用税:年税额 5 元/平方米。

(6)个人所得税:按 7 级超额累进税率代扣代缴(见表 9—2)。

表 9—2　　　　　　　　　　　个人所得税税率

级　数	全月应纳税所得额(含税级距)	税率(%)
1	不超过 1 500 元	3
2	超过 1 500 元至 4 500 元的部分	10
3	超过 4 500 元至 9 000 元的部分	20
4	超过 9 000 元至 35 000 元的部分	25
5	超过 35 000 元至 55 000 元的部分	30
6	超过 55 000 元至 80 000 元的部分	35
7	超过 80 000 元的部分	45

(七)生产工艺流程(见图 9—3)

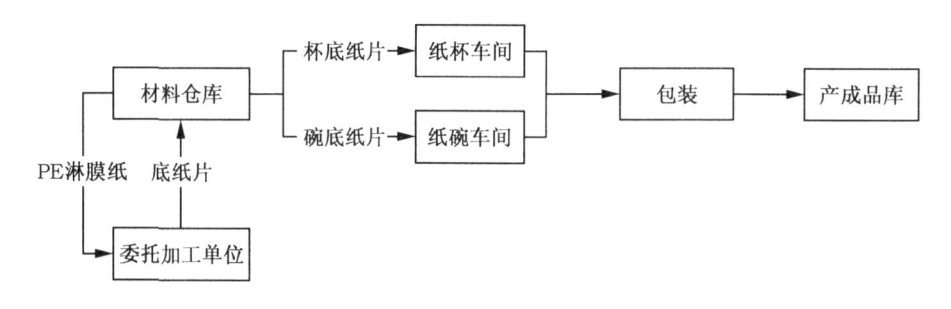

注:PE 淋膜纸发外加工成底纸片,通常加工周期 10 天。

图 9—3　生产工艺流程图

(八)对外长期股权投资(见表9-3)

表9-3　　　　　　　　　　　　长期股权投资情况表

被投资单位	注册资金(万元)	出资比例(%)	适用所得税税率(%)
彩虹纸制品有限公司	200	60	25

三、被审计单位会计资料及其他相关资料

(一)会计核算办法

1.账务处理程序

北京惠洁纸杯厂采用科目汇总表账务处理程序(如图9-4所示)。

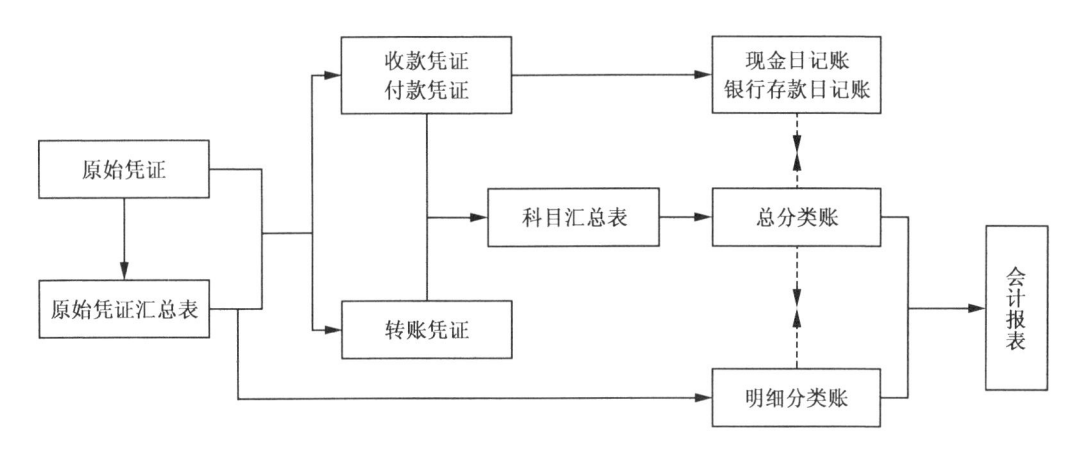

图9-4　账务处理程序图

2.备用金核算

采购员及其他职工出差预支差旅费,回单位后一次结清。

3.固定资产保险核算

财产保险费为固定资产原价(扣除车辆原价)的3.7%(年),按季预付,分月摊销。机动车辆单独保险,按年预付,分月摊销。

4.生产成本核算

(1)水、电费的分配方法:各月电费按各部门实际发生计量并分配,各月水费全部计入管理费用。

(2)基本生产车间制造费用的分配方法:按生产产品的标准产量进行分配。

(3)在产品计价方法:采用约当产量法,各月末在产品完工程度为100%,只是尚未验收,因而按完工产品成本计价。

(4)产品成本计算方法:采用品种法。

5.部分税金的核算

(1)土地使用税:按月计提后,每年分别于5月、11月两次缴纳。

(2)印花税:在购买印花税票时计入当月管理费用。

(3)应交增值税:在月末时,将经计算确定的应抵扣的进项税额、销项税额从"进项税额""销项税额"专栏转入"转出未交增值税"专栏,然后再将"转出未交增值税"转入"未交增值税"

科目。

6. 提取法定盈余公积

按当期税后利润的10%提取法定盈余公积。

(二)20×1年度财务报表

1. 资产负债表(见表9-4)

表9-4　　　　　　　　　　　　　资产负债表　　　　　　　　　　　　会企01表

编制单位:北京惠洁纸杯厂　　　　　20×1年12月31日　　　　　　　　　单位:元

资产	行次	年末余额	年初余额	负债及所有者权益	行次	年末余额	年初余额
流动资产:				流动负债:			
货币资金	1	11 079 918.36	1 525 299.51	短期借款	29		
衍生金融工具	2			衍生金融负债	30		
以公允价值计量且其变动计入当期损益的金融资产	3			以公允价值计量且其变动计入当期损益的金融负债	31		
应收票据及应收账款	4	2 224 316.78	2 021 315.36	应付票据及应付账款	32	1 732 508.12	2 645 879.00
预付款项	5	32 767.78	37 130.00	预收款项	33	74 815.00	114 000.00
其他应收款	6		132 797.84	应付职工薪酬	34	94 182.67	74 300.00
存货	7	1 948 026.53	956 416.54	应交税费	35	707 665.50	-524 263.14
持有待售资产	8			其他应付款	36	7 035 406.00	31 206.00
一年内到期的非流动资产	9			持有待售负债	37		
其他流动资产	10			一年内到期的非流动负债	38		
流动资产合计	11	15 285 029.45	4 672 959.25	其他流动负债	39		
非流动资产:				流动负债合计	40	9 644 577.29	2 341 121.86
可供出售金融资产	12			非流动负债:			
持有至到期投资	13			长期借款	41		
长期应收款	14			应付债券	42		
长期股权投资	15	800 000.00	1 200 000.00	其中:优先股	43		
投资性房地产	16			永续债	44		
固定资产	17	3 695 955.31	3 233 436.46	长期应付款	45		

续表

资　产	行次	年末余额	年初余额	负债及所有者权益	行次	年末余额	年初余额
在建工程	18			预计负债	46		
生产性生物资产	19			递延所得税负债	47		
油气资产	20			其他非流动负债	48		
无形资产	21			非流动负债合计	49		
开发支出	22			负债合计	50	9 644 577.29	2 341 121.86
商誉	23			所有者权益(或股东权益)：			
长期待摊费用	24			实收资本(或股本)	51	5 000 000.00	5 000 000.00
递延所得税资产	25			其他权益工具	52		
其他非流动资产	26			其中:优先股	53		
非流动资产合计	27	4 495 955.31	4 433 436.46	永续债	54		
				资本公积	55		
				减:库存股	56		
				其他综合收益	57		
				盈余公积	58	1 368 439.02	294 212.30
				未分配利润	59	3 767 968.45	1 471 061.55
				所有者权益(或股东权益)合计	60	10 136 407.47	6 765 273.85
资产总计	28	19 780 984.76	9 106 395.71	负债和所有者权益(或股东权益)总计	61	19 780 984.76	9 106 395.71

2. 利润表(见表9—5)

表9—5　　　　　　　　　　　　　　　　利润表　　　　　　　　　　　　　　　　会企02表
编制单位:北京惠洁纸杯厂　　　　　　　　　20×1年　　　　　　　　　　　　　　　单位:元

项　目	行次	本年金额	上年金额
一、营业收入	1	17 584 000.00	10 726 000.00
减:营业成本	2	9 644 298.50	6 524 721.62
税金及附加	3	108 227.05	65 428.60
销售费用	4	374 249.48	344 142.15

续表

项　　目	行　次	本年金额	上年金额
管理费用	5	514 658.73	468 414.58
研发费用	6		
财务费用	7	−46 088.19	−28 145.18
其中:利息费用	8		
利息收入	9		
资产减值损失	10	17 622.92	22 152.76
加:其他收益	11		
投资收益(损失以"−"号填列)	12	200 000.00	
公允价值变动收益(损失以"−"号填列)	13		
资产处置收益(损失以"−"号填列)	14		
二、营业利润(亏损以"−"号填列)	15	7 171 031.51	3 329 285.47
加:营业外收入	16		
减:营业外支出	17	9 520.00	
三、利润总额(亏损总额以"−"号填列)	18	7 161 511.51	3 329 285.47
减:所得税费用	19	1 790 377.89	588 424.62
四、净利润(净亏损以"−"号填列)	20	5 371 133.62	2 740 860.85

20×0年利润分配数据：

提取法定盈余公积176 527.39元,任意盈余公积117 684.92元,向股东分配0元,年初未分配利润−975 587.00元。

3. 现金流量表(略)

4. 所有者权益变动表(略)

5. 财务报表附注(部分)

北京惠洁纸杯厂 20×1 年财务报表附注

一、公司基本情况(略)

二、会计政策与会计估计(略)

1. 会计准则

北京惠洁纸杯厂执行2006年2月财政部颁布的《企业会计准则——基本准则》和38项具体会计准则、其后颁布的应用指南、解释以及其他相关规定。

2. 记账本位币

公司记账本位币和编制财务报表所采用的货币均为人民币。

3. 会计计量所运用的计量基础

编制财务报表时,均以历史成本为计价原则。资产如果发生减值,则按照相关规定计提相应的减值准备。

4. 应收款项的坏账准备

公司同时运用账龄分析法与个别认定法计提坏账准备。

(1)将单项金额在100万元及以上的应收款项认定为金额重大的应收款项,期末对单项金额重大的应收款项单独进行减值测试,根据其未来现金流量现值低于其账面价值的差额,确认减值损失,并据此调整"坏账准备"的余额。

(2)对单项金额非重大的应收款项以及单独测试后未发生减值的单项金额重大的应收款项,采用账龄分析法分组估计其坏账损失,并据此调整"坏账准备"的余额。

(3)账龄分析法下,应收款项坏账准备计提比例见下表。

应收款项坏账准备计提比例表

账 龄	计提比例(%)
1年以内(含1年)	2
1~2年(含2年)	5
2~3年(含3年)	20
3年以上	50

5. 存货

(1)存货盘存制度:永续盘存制。

(2)存货的计价方法:库存商品、原材料采用全月一次加权平均法核算,包装物、低值易耗品按先进先出法进行日常核算。

(3)低值易耗品的摊销方法:五五摊销法。

(4)包装物的摊销方法:在生产领用时一次性计入生产成本。

(5)存货跌价准备计提方法:存货按单个存货项目的成本高于其可变现净值的差额提取存货跌价准备。

(6)每年12月份对存货进行清查,根据盘点结果编制盘盈盘亏报告单,报经理审批后在年末结账前处理完毕。

> 6. 固定资产
>
> 固定资产从达到预定可使用状态的次月起,对固定资产分类按平均年限法在使用寿命内计提折旧。各类固定资产预计使用寿命、净残值率和年折旧率略。
>
> 7. 所得税
>
> 采用纳税影响会计法的资产负债表债务法,以会计利润为基础,针对发生交易或事项的会计处理与税务处理的差异进行调整后,确定应纳所得税。
>
> 8. 现金等价物确认条件
>
> 同时具备持有期限短、流动性强、易于转换为已知金额的现金、价值变动风险很小的投资,确认为现金等价物。
>
> 三、税项(略)
>
> 四、重要报表项目的说明(略)

(三)电子数据

1. 20×1年科目余额表与凭证表
2. 20×2年1月份科目余额表与凭证表
3. 部分合同协议、出入库单、采购发票、销售发票、银行存单

(见鼎信诺审计系统中的"查看非凭证附件"功能)

第三部分　实验项目

实验项目一　项目管理与用户管理

【实验目的】

1. 掌握创建项目的方法。
2. 掌握项目备份与项目恢复的方法。
3. 掌握添加用户、角色分工和权限设置、底稿分工的方法。

【实验内容】

1. 根据第一部分与第二部分提供的资料,创建项目(包含20×1年度与20×2年1月份),以"专业班级+小组编号"为项目名称。如果不分组,每位学生以自己所在"专业班级+学号+姓名"(如:会计学1140101 张星)为项目名称。

2. 创建项目后在系统中添加用户,并加入项目组成员。成员信息设置如下:编号为"班级+学号"(如1040101),姓名填真实姓名,密码自己设1~12位字符(数字、字母、符号均可)并牢记。

3. 进行角色分工和权限设置及底稿分工。

4. 备份项目。将创建的项目备份到移动存储设备,以备继续完成后续实验。

5. 恢复项目。将存储于移动存储设备中的项目恢复。

实验项目二　数据导入、数据初始化与数据维护

【实验目的】
1. 掌握数据导入的方法。
2. 掌握数据初始化的方法。
3. 掌握报表项目对应科目的方法。
4. 掌握数据检验与数据维护的方法。

【实验内容】
1. 将20×1年度与20×2年1月份的电子数据导入【实验项目一】创建的包含两个年度的项目中。
2. 每个年度数据导入后,完成数据初始化操作(其中,账龄区间设置为1年以内、1~2年、2~3年、3年以上)。
3. 系统自动完成报表项目与科目对应后,检查修正对应关系。
4. 利用"测试分析/查账"功能进行数据检验。
5. 针对数据检验中发现的问题,到"财务数据/财务数据维护"中修正存在错误的数据。
6. 在数据修正无误后,生成审计前端文件,保存到移动存储设备。

实验项目三　应收账款审计

【实验目的】
掌握应收账款审定表、应收账款明细表、往来款项询证函、应收账款替代测试表、坏账准备计算表、应收账款截止测试表、应收账款检查情况表等底稿的编制。

【实验资料】
1. 客户通信地址(见表9-6)

表9-6　　　　　　　　　　　　主要客户通信地址

客户名称	通信地址
禹天商贸有限公司	北京市朝阳区花家地南里102号
庆客隆综合超市	北京西城区新风南里67号
胜利集团(中国)有限公司	北京西城区复兴门外77号
城乡仓储超市	北京市苏州街59号
北京兴华有限公司	北京北三环中路73号
国航控股有限公司	中关村南大街12号
北京华康贸易有限公司	北京市东四环南路31号
恒丰广告公司	北京市丰台区东风大街49号
海虹礼品公司	北京市朝阳区安贞桥北82号

2. 上一年审计工作底稿关于账龄分析的信息(见表9—7)

表9—7　　　　　　　　　　　　　　账龄分析表
20×0年12月31日　　　　　　　　　　　　　　单位:元

客　户	1年内(含1年)	1~2年(含2年)	2~3年(含3年)	3年以上	合　计
禹天商贸有限公司	400 370.50				400 370.50
庆客隆综合超市	549 416.00				549 416.00
胜利集团(中国)有限公司	155 267.00				155 267.00
城乡仓储超市	520 621.00				520 621.00
北京兴华有限公司	95 640.00	44 360.00			140 000.00
国航控股有限公司	95 432.00	28 068.00			123 500.00
北京华康贸易有限公司	68 243.00	5 599.00			73 842.00
恒丰广告公司	100 000.00	2 000.00			102 000.00
合　计	1 984 989.50	80 027.00			2 065 016.50

3. 函证应收账款

(1)20×2年1月15日发函。

(2)9家债务人全部函证。

(3)客户回函情况

①恒丰广告公司未回函。

②北京兴华有限公司回函称:"截至12月31日,本公司只欠贵公司596 798.00元。"

③北京华康贸易有限公司回函称:"20×1年12月26日发生火灾,导致公司资产所剩无几,财务状况出现严重问题,估计只能偿还70%的欠款。"

④其余客户均已回函,且回函金额与发函金额一致。

注:关于外部第三方函证结果的情形设定,指导教师可以结合教学情况,指导学生分组模拟以下几种情形

①函证结果相符。

②函证结果不符。

③无法执行函证,但可执行替代审计程序(检查日后收款、检查原始凭证等)。

④无法执行函证,又无法执行替代审计程序。

4. 假定本期无以前年度已全额计提坏账准备,或计提坏账准备的比例较大的,但在本年度又全额或部分收回的应收款项;本期无通过重组等其他方式收回的应收款项;本期无实际核销的应收款项。

5. 销售合同和出库单、销售发票

有关销售合同和出库单、销售发票见鼎信诺审计系统"非凭证附件""总账 & 明细账"中的附件。

审计提示:查验合同与出库单,12月30日销售给北京兴华有限公司的纸碗实际并未发出。

【实验内容】

1. 编制应收账款审定表和明细表,并与报表数、总账数及明细账合计数核对是否相符。

2. 根据20×0年度审计底稿列示的账龄,以及20×1年的账套资料,划分20×1年12月

31 日应收账款账龄。

3. 向所有应收账款客户发往来款项询证函。
4. 对函证结果有差异的客户,编制函证结果调节表。
5. 对未回函的客户做替代测试。
6. 执行应收账款截止测试。
7. 编制应收账款检查情况表,运用统计抽样或非统计抽样选取样本并追查到原始凭证。
8. 编制坏账准备计算表,测算坏账准备计提的正确性。
9. 根据审计过程中发现的错报,编制调整分录。
10. 编辑审计结论生成到审定表。
11. 进行底稿签名(对编制人与复核人运用当前表页签名与批量签名进行签名)。

实验项目四 营业收入审计

【实验目的】

掌握营业收入审定表、营业收入明细表、业务产品销售分析表、主营业务月度毛利率分析表、产品销售收入、产品销售成本表、主营业务收入截止测试(从发货单到明细账)、主营业务收入截止测试(从明细账到发货单)、主营业务收入检查情况表等底稿的编制。

【实验资料】

1. 产品价格(见表 9-8)

表 9-8　　　　　　　　　　　　20×1 年产品价目表　　　　　　　　　　　单位:元

产品名称	销售价格
9 盎司纸杯	200
30 盎司纸碗	100

2. 上年数据(见表 9-9)。

表 9-9　　　　　　　　　　　　20×0 年产品收入、成本　　　　　　　　　　单位:元

产品名称	收入	成本
9 盎司纸杯	6 520 000	3 620 895.13
30 盎司纸碗	4 206 000	2 903 826.49

3. 同行数据(见表 9-10)

表 8-10　　　　　　　　　20×1 年同行业收入、成本、毛利率　　　　　　　　单位:元

产品名称	A 公司 收入	A 公司 成本	B 公司 收入	B 公司 成本	C 公司 收入	C 公司 成本	行业平均毛利率(%)
9 盎司纸杯	8 100 000	5 510 000	7 650 000	4 990 000	8 980 000	5 580 000	32.9
30 盎司纸碗	7 123 000	4 950 000	8 590 000	5 500 000	7 650 000	5 100 000	34.3

4. 销售合同和出库单、销售发票

有关销售合同和出库单、销售发票见鼎信诺审计系统"非凭证附件""总账 & 明细账"中的附件。

审计提示：查验合同与出库单，12月29日发出的纸杯（出库单00012795）已交付信宜百货公司，未见发票。审阅预收账款明细账，信宜百货公司的货款已预收。

【实验内容】

1. 编制营业收入审定表和明细表，并与报表数、总账数及明细账合计数核对是否相符。
2. 编制产品销售收入、产品销售成本表，比较本期各月各类主营业务收入的波动情况，分析其变动趋势是否正常，查明异常现象和重大波动的原因。
3. 编制毛利率与同行业对比分析表，比较分析毛利率是否正常。
4. 编制主营业务收入截止测试表（从明细账到出库单、从出库单到明细账），检查是否存在提前或滞后确认收入的情况。
5. 编制主营业务收入检查情况表，运用统计抽样或非统计抽样选取样本并追查到原始凭证。
6. 根据审计过程中发现的错报，编制调整分录。
7. 编辑审计结论生成到审定表。
8. 进行底稿签名（对编制人与复核人运用当前表页签名与批量签名进行签名）。

实验项目五　应付账款审计

【实验目的】

掌握应付账款审定表、应付账款明细表、应付账款询证函、应付账款替代测试表、应付账款检查情况表等底稿的编制。

【实验资料】

1. 供应商通信地址（见表9-11）

表9-11　　　　　　　　　　主要供应商通信地址

供应商名称	通信地址
河北金太阳纸品	石家庄市中华北大街144号
成都保岸纸品有限公司	成都市双林路345号
大连根深纸制品有限公司	大连市黄河路211号
青岛佳印达包装有限公司	青岛河海路166号
永泰胶粘制品有限公司	北京市朝阳区区堡头街51叼
浙江五星纸业	杭州市莫干山路101号
瑞安华邦机械有限公司	瑞安市飞云镇吴桥村

2. 供应商回函情况

(1) 河北金太阳纸品回函金额为351 023.50元。

(2) 永泰胶粘制品有限公司未回函。

(3) 其余供应商均已回函，且回函金额均与发函金额一致。

3. 采购合同和入库单、采购发票

有关采购合同和入库单、采购发票见鼎信诺审计系统"非凭证附件""总账 & 明细账"中的附件。

审计提示：

(1)河北金太阳纸品于20×1年12月31日送来170克单面PE淋膜纸10吨,材料已入库(入库单00004665),发票未到,货款尚未支付,尚未登记入账,JTY2011195号合同约定此次170克单面PE淋膜纸采购单价为6 300元/吨。

(2)根据合同,20×1年11月22日和20×1年12月7日向青岛佳印达包装有限公司购买的包装物付款条件为交货日后$3/10,2/20,n/30$。

【实验内容】

1. 编制应付账款审定表和明细表,并与报表数、总账数及明细账合计数核对是否相符。
2. 对预付廊坊海曙麦吉利纸业有限公司的货款做重分类调整。
3. 向应付账款的供应商发往来款项询证函名称(不列明金额与列明金额两种方式)。
4. 对未回函的应付账款做替代测试。
5. 编制应付账款检查情况表,运用统计抽样或非统计抽样选取样本并追查到原始凭证。
6. 根据审计过程中发现的错报,编制调整分录。
7. 编辑审计结论生成到审定表。
8. 进行底稿签名(对编制人与复核人运用当前表页签名与批量签名进行签名)。

实验项目六　管理费用审计

【实验目的】

掌握管理费用审定表、管理费用明细表、管理费用检查表、管理费截止测试表、管理费用检查情况表等底稿的编制。

【实验内容】

1. 编制管理费用审定表和明细表,并与报表数、总账数及明细账合计数核对是否相符。
2. 把管理费用各明细项目,如职工薪酬、无形资产摊销、累计折旧等项目与各有关账户进行核对,分析其勾稽关系的合理性,并编制管理费用检查表,做出相应记录。
3. 抽取资产负债表日前后若干天的凭证,实施截止性测试,检查有无重大跨期项目。
4. 编制管理费用检查情况表,运用统计抽样或非统计抽样选取样本并追查到原始凭证。
5. 根据审计过程中发现的错报,编制调整分录。
6. 编辑审计结论生成到审定表。
7. 进行底稿签名(对编制人与复核人运用当前表页签名与批量签名进行签名)。

实验项目七　存货审计

【实验目的】

掌握存货审定表、存货类别明细表、存货明细表、存货入库截止测试、存货出库截止测试、存货明细账与盘点报告(记录)核对表、存货抽盘核对表、存货询证函、存货计价测试表、存货跌价准备测试表、存货期末可变现净值检查、存货检查情况表等底稿的编制。

【实验资料】

1.20×1年12月31日,公司库房保管员对存货进行盘点,结果见表9-12。

表9-12　　　　　　　　　　　　　　存货盘点清单

20×1年12月31日

材料名称	单位	数量	库存商品名称	单位	数量
170克单面PE淋膜纸	吨	33.00	9盎司纸杯	箱	675.00
280克双面PE淋膜纸	吨	32.00	30盎司纸碗	箱	1 740.00
纸杯底纸片(杯壁纸)	片	839 953.00			
纸杯底纸片(杯底纸)	片	50 047 435.00			
纸碗底纸片(碗壁纸)	片	2 388 314.00			
纸碗底纸片(碗底纸)	片	44 493 003.00			
多纳哈迪纸杯胶水	千克	1 625.00			

注:其他存货略。

2.20×2年1月3日,会计师事务所注册会计师及公司财务负责人对公司存货进行了监盘,库房保管员对存货进行盘点,监盘结果见表9-13。

表9-13　　　　　　　　　　　　　　存货监盘结果

材料名称	单位	数量	库存商品名称	单位	数量
170克单面PE淋膜纸	吨	33.00	9盎司纸杯	箱	475.00
280克双面PE淋膜纸	吨	32.00	30盎司纸碗	箱	1 740.00
纸杯底纸片(杯壁纸)	片	839 953.00			
纸杯底纸片(杯底纸)	片	50 047 435.00			
纸碗底纸片(碗壁纸)	片	2 388 314.00			
纸碗底纸片(碗底纸)	片	44 493 003.00			
多纳哈迪纸杯胶水	千克	1 625.00			

注:其他存货略。

提示:指导教师可以结合教学情况,指导学生进行监盘存货结果的多种情形设定:(1)账实相符;(2)溢余;(3)短缺。

3.经测算,各项存货可变现净值均高于其账面价值(即存货未发生减值)。

4.采购合同和出入库单、采购发票

有关采购合同和出入库单见鼎信诺审计系统"非凭证附件""总账 & 明细账"中的附件。

审计提示:

检查合同、存货出入库单、采购发票,并询问,获知如下信息:

(1)170克单面PE淋膜纸比原材料明细账溢余3吨,材料于20×1年12月31日入库,由于发票未到,货款也尚未支付,库房未办理入库手续,财务也尚未登记入账,采购合同(河北金太阳195号)约定此次170克单面PE淋膜纸采购单价为6 300元/吨。

(2)纸杯底纸片(杯壁纸)比原材料明细账少200 000片,为生产车间20×1年12月30日领用,库房已办理出库手续(出库单00005528)。

(3)纸杯底纸片(杯底纸)比原材料明细账少200 000片,为生产车间20×1年12月30日领用,库房已办理出库手续(出库单00005528)。

(4)多纳哈迪纸杯胶水比原材料明细账少15千克,为储存过程中自然损耗。

(5)12月29日销售发出纸杯200箱(出库单00012795),已交付信宜百货公司。

【实验内容】

1. 编制存货审定表和明细表,并与报表数、总账数及明细账合计数核对是否相符。
2. 编制存货监盘结果汇总表和存货明细账与盘点报告(记录)核对表。
3. 针对纸杯底纸片(杯壁纸)和纸杯底纸片(杯底纸)进行存货出入库截止测试。
4. 对280克双面PE淋膜纸和纸碗底纸片(碗壁纸)进行计价测试。
5. 根据审计过程中发现的错报,编制调整分录。
6. 编辑审计结论生成到审定表。
7. 进行底稿签名(对编制人与复核人运用当前表页签名与批量签名进行签名)。

实验项目八　长期股权投资审计

【实验目的】

掌握长期股权投资审定表、账项明细表、明细表、明细表(横向列式)、减值准备测试表、成本法明细增减表、权益法明细增减表、长期股权投资权益法测算表、长期股权投资检查情况表等底稿的编制。

【实验资料】

北京惠洁纸杯厂20×0年7月1日以120万元的价格购入彩虹纸制品有限公司60%的股权,未计提减值准备。当日彩虹纸制品有限公司可辨认净资产公允价值为180万元(可辨认净资产的公允价值与账面价值相同)。20×1年6月30日,北京惠洁纸杯厂将其持有的对彩虹纸制品有限公司长期股权投资中的1/3出售给立信公司,出售取得价款60万元。当日彩虹纸制品有限公司可辨认净资产公允价值总额为260万元。自取得对彩虹纸制品有限公司长期股权投资后(20×0年7月1日)至处置前(20×1年6月30日),彩虹纸制品有限公司实现净利润60万元。彩虹纸制品有限公司一直未进行利润分配。除所实现净损益外,彩虹纸制品有限公司未发生其他计入资本公积的交易或事项,彩虹纸制品有限公司按净利润的10%提取盈余公积。在出售20%股权后,北京惠洁纸杯厂对彩虹纸制品有限公司的持股比例为40%,在被投资单位董事会中派有代表,但不能对彩虹纸制品有限公司的生产经营决策实施控制。

【实验内容】

1. 编制长期股权投资审定表和明细表,并与报表数、总账数及明细账合计数核对是否相符。
2. 编制长期股权投资其他相关底稿。
3. 根据审计过程中发现的错报,编制调整分录。
4. 编辑审计结论生成到审定表。
5. 进行底稿签名(对编制人与复核人运用当前表页签名与批量签名进行签名)。

实验项目九　长期借款审计

【实验目的】

掌握长期借款审定表、账项明细表、明细表、长期借款应计利息审核表、借款利息测算表、利息分配情况检查表、银行询证函、长期借款检查情况表等底稿的编制。

【实验资料】

1. 北京惠洁纸杯厂20×1年6月30日向大海公司借入款项500万元用于公司生产经营。借款合同规定：还款日期为20×2年6月30日，借款利率为12%，到期一次还本付息。已将该笔借款计入其他应付款。

2. 假定长期借款的实际利率与合同利率相同。

【实验内容】

1. 编制长期借款审定表和明细表，并与报表数、总账数及明细账合计数核对是否相符。
2. 编制长期借款其他相关底稿。
3. 根据审计过程中发现的错报，编制调整分录。
4. 编辑审计结论生成到审定表。
5. 进行底稿签名(对编制人与复核人运用当前表页签名与批量签名进行签名)。

实验项目十　固定资产审计

【实验目的】

掌握固定资产审定表、明细表、折旧分配测算表、折旧测算表、减值准备测试表、固定资产盘点检查表、固定资产增加检查表、固定资产减少检查表、固定资产增减明细审定表等底稿的编制。

【实验资料】

1. 固定资产卡片记录的信息(见表9—14)。

表9—14　　　　　　　　　　20×1年末固定资产明细卡片

名　称	原值(元)	开始使用时间	累计折旧年限	净残值率(%)
房屋建筑物：				
厂房	2 526 316.00	2009.4	40	5
小　计	2 526 316.00	—	—	—
办公设备：				
联想台式电脑	3 200.00	2009.5	5	5
联想台式电脑	3 200.00	2009.5	5	5
联想台式电脑	3 200.00	2009.5	5	5
联想台式电脑	4 000.00	2010.12	5	5
联想台式电脑	4 000.00	2010.12	5	5
小　计	17 600.00	—	—	—

续表

名　　称	原值(元)	开始使用时间	累计折旧年限	净残值率(%)
生产设备：				
纸杯机	43 400.00	2009.4	10	5
纸杯机	43 400.00	2009.4	10	5
纸杯机	43 400.00	2009.4	10	5
纸杯机	43 400.00	2009.4	10	5
纸杯机	43 400.00	2009.4	10	5
纸杯机	43 400.00	2009.4	10	5
纸杯机	43 400.00	2009.4	10	5
纸杯机	43 400.00	2009.4	10	5
纸杯机	43 400.00	2009.4	10	5
纸杯机	43 400.00	2009.4	10	5
纸碗机	56 800.00	2009.4	10	5
纸碗机	56 800.00	2009.4	10	5
纸碗机	56 800.00	2009.4	10	5
纸碗机	56 800.00	2009.4	10	5
纸碗机	56 800.00	2009.4	10	5
纸碗机	56 800.00	2009.4	10	5
纸杯机	43 000.00	2011.3	10	5
纸杯机	43 000.00	2011.3	10	5
纸杯机	43 000.00	2011.3	10	5
纸杯机	43 000.00	2011.3	10	5
纸杯机	43 000.00	2011.3	10	5
纸碗机	57 600.00	2011.3	10	5
纸碗机	57 600.00	2011.3	10	5
纸碗机	57 600.00	2011.6	10	5
纸杯机	43 600.00	2011.6	10	5
纸杯机	43 600.00	2011.6	10	5
纸杯机	43 600.00	2011.6	10	5
纸杯机	43 600.00	2011.6	10	5
纸杯机	43 600.00	2011.6	10	5
小　　计	1 380 600.00	—	—	—

续表

名　称	原值(元)	开始使用时间	累计折旧年限	净残值率(%)
交通设备：				
小货车	82 000.00	2009.9	5	5
面包车	96 000.00	2009.12	5	5
轿车	160 000.00	2011.5	5	5
小　计	338 000.00	—	—	—
合　计	4 262 516.00	—	—	—

2. 20×2年1月8日,观察盘点固定资产,结果见表9—15。

表9—15　　　　　　　　　　　　固定资产数量明细

固定资产名称	数　量
厂房	1栋
小货车	1辆
轿车	1辆
联想台式电脑	5台
纸杯机	20台
纸碗机	9台

提示:指导教师可以结合教学情况,指导学生进行其他情形的设定。

3. 假定固定资产的产权证书齐全、真实。

4. 固定资产折旧方法和净残值率都与税法规定保持一致。

5. 经观察并询问得知,两年前的4月购入的一台纸杯机,因频繁出现故障,于20×1年5月开始进行大修理,20×1年12月才再次投入使用。

6. 20×1年6月,由于北京市对黄标车的严格控制,本公司某款型号的面包车市场价大幅降低,预计本公司的面包车若出售,可收回金额为5万元。

7. 20×1年底,对公司固定资产进行减值测试,公司两年前的9月购买的小货车预计未来现金流量净值为3.5万元。

【实验内容】

1. 编制固定资产审定表和明细表,并与报表数、总账数及明细账合计数核对是否相符。
2. 编制折旧分配测算表和测算本期折旧,复核本期折旧费用的计提和分配。
3. 编制固定资产减值准备测试表。
4. 编制固定资产增加检查表和固定资产减少检查表。
5. 根据审计过程中发现的错报,编制调整分录。
6. 编辑审计结论生成到审定表。
7. 进行底稿签名(对编制人与复核人运用当前表页签名与批量签名进行签名)。

实验项目十一　应付职工薪酬审计

【实验目的】

掌握应付职工薪酬审定表、明细表、月明细表、应付职工薪酬计提检查情况表、应付职工薪酬分配检查情况表、应付职工薪酬年度比较表、应付职工薪酬(支付)检查情况表等底稿的编制。

【实验资料】

公司计提"五险一金"及工会经费、职工教育经费的比例见表9—16。

表9—16　　　　　"五险一金"、工会经费、职工教育经费计提比例

项　目	计提基数	计提比例(%)
养老保险费	上年月平均工资总额	20
住房公积金	同上	8
医疗保险费	同上	10
失业保险费	同上	1.5
生育保险费	同上	0.8
工伤保险费	同上	0.5
工会经费	本月工资总额	2
职工教育经费	同上	2.5

【实验内容】

1. 编制应付职工薪酬审定表和明细表,并与报表数、总账数及明细账合计数核对是否相符。

2. 编制应付职工薪酬计提检查情况表,测算各项经费的计提是否正确,依据是否充分。

3. 编制应付职工薪酬分配检查情况表,检查社会保险费、住房公积金、工会经费和职工教育经费等计提(分配)和支付(或使用)的会计处理是否正确,依据是否充分。

4. 根据审计过程中发现的错报,编制调整分录。

5. 编辑审计结论生成到审定表。

6. 进行底稿签名(对编制人与复核人运用当前表页签名与批量签名进行签名)。

实验项目十二　货币资金审计

【实验目的】

掌握货币资金审定表、货币资金账项明细表、银行存款明细表、库存现金监盘表、对银行存款余额调节表的检查、银行存款大额未达账项检查表、银行询证函、截止测试、大额库存现金收支检查情况表、大额银行存款收支检查情况表等底稿的编制。

【实验资料】

1. 库存现金盘点表

20×2年1月4日早晨8:00,注册会计师会同财务部部长对公司现金进行了监盘,盘点结果见表9—17。

表9—17　　　　　　　　　　　　库存现金盘点表

面额	张(枚)数	金额(人民币元)	备 注
100元	5	500.00	金库内发现现金以外的单据: (1)20×1年12月29日王鑫出差借款单一张,金额1 300.00元。 (2)中国银行20×1年11月20日起存20×3年11月20日到期金额1 000 000.00元定期存单一张(见鼎信诺审计系统"非凭证附件")。
50元	3	150.00	
20元	1	20.00	
10元	0	0.00	
5元	4	20.00	
2元	0	0.00	
1元	5	5.00	
5角	1	0.50	
2角	4	0.80	
1角	6	0.60	
5分	1	0.05	
2分	1	0.02	
1分	1	0.01	
合　计	—	396.98	

提示:

指导教师可以结合教学情况,指导学生分组或依次轮流模拟以下几种情形:

(1)账实相符;

(2)长款;

(3)短款。

2.银行对账单

(1)12月份中国银行对账单(见表9—18)

表9—18　　　　　　　　　　　　中国银行对账单
20×1/12/1～20×1/12/31

户名:北京惠洁纸杯厂　　　　邮编:130002　　　　　　　　地址:北京市昌平区沙河路1002号
账号:41006888068　　　　　期初余额:1 000 000.00　　　　　　　　　　　　货币:CNY

序号	记账时间	结算号	业务说明	借方(支取)	贷方(存入)	余额
1	20×1-11-21		中国银行存款利息		41 400.00	1 041 400.00
	发生额合计			0	41 400.00	1 041 400.00

(2)20×1年12月份交通银行对账单(见表9—19)

表 9－19　　　　　　　　　　　　　交通银行对账单
20×1/12/1～20×1/12/31

户名:北京惠洁纸杯厂　　　　邮编:130002　　　　　　　　　地址:北京市昌平区沙河路1002号
账号:26703012345　　　　　　期初余额:8 878 708.12　　　　　　　　　　　　　　货币:CNY

序号	记账时间	结算号	业务说明	借方(支取)	贷方(存入)	余额
1	20×1－12－2		收到禹天商贸货款	0	350 000.00	9 228 708.12
2	20×1－12－4		收到乐福公司预付货款	0	369 790.00	9 598 498.12
3	20×1－12－5		提现发工资	67 653.80	0	9 530 844.32
4	20×1－12－5		银行代扣11月社保	36 832.50	0	9 494 011.82
5	20×1－12－5		银行代扣11月住房公积金	15 174.00	0	9 478 837.82
6	20×1－12－5		缴纳11月个人所得税	45.7	0	9 478 792.12
7	20×1－12－5		交纳面包车保险费	6 000.00	0	9 472 792.12
8	20×1－12－5		收到彩虹礼品公司货款	0	500 000.00	9 972 792.12
9	20×1－12－6		电汇材料款及手续费	150 014.50	0	9 822 777.62
10	20×1－12－7		缴纳税金	171 920.09	0	9 650 857.53
11	20×1－12－9		收到海天预付货款	0	200 000.00	9 850 857.53
12	20×1－12－19		电汇材料款及手续费	332 014.50	0	9 518 843.03
13	20×1－12－20		电汇材料款及手续费	100 014.50	0	9 418 828.53
14	20×1－12－20		收到庆客隆货款	0	201 860.00	9 620 688.53
15	20×1－12－20		收到胜利集团货款	0	500 000.00	10 120 688.53
16	20×1－12－22		付胶水款	56 078.00	0	10 064 610.53
17	20×1－12－23		电汇材料款及手续费	125 314.50	0	9 939 296.03
18	20×1－12－23		付浙江五星纸业 280g 淋膜纸款及电汇手续费	282 152.50	0	9 657 143.53
19	20×1－12－24		收到城乡仓储超市货款	0	146 162.00	9 803 305.53
20	20×1－12－25		电汇材料款及手续费	296 024.50	0	9 507 281.03
21	20×1－12－26		付水电费	19 052.65	0	9 488 228.38
22	20×1－12－26		收到恒丰货款	0	400 000.00	9 888 228.38
23	20×1－12－27		收到北京兴华货款	0	201 513.00	10 089 741.38
24	20×1－12－28		电汇材料款及手续费	100 014.50	0	9 989 726.88
25	20×1－12－29		存款利息	0	1 054.50	9 990 781.38
26	20×1－12－30		收到面包车出售价款	0	50 000.00	10 040 781.38
27	20×1－12－31		收到胜利集团货款		200 000.00	10 240 781.38
			发生额合计	1 758 306.24	3 120 379.50	10 240 781.38

(3) 20×2年1月份交通银行对账单(见表9—20)

表9—20　　　　　　　　　　　　交通银行对账单

20×2/1/1～20×2/1/31

户名:北京惠洁纸杯厂　　　　邮编:130002　　　　　　　地址:北京市昌平区沙河路1002号
账号:26703012345　　　　　期初余额:10 240 781.38　　　　　　　　　　　货币:CNY

序号	记账时间	结算号	业务说明	借方(支取)	贷方(存入)	余额
1	20×2-1-4		养路费	3 960.00		10 236 821.38
2	20×2-1-5		提现发工资	67 653.80		10 169 167.58
3	20×2-1-5		银行代扣上年12月社保	36 832.50		10 132 335.08
4	20×2-1-5		银行代扣上年12月住房公积金	15 174.00		10 117 161.08
6	20×2-1-5		缴纳2008年12月个人所得税	45.7		10 117 115.38
7	20×2-1-6		提现	3 000.00		10 114 115.38
8	20×2-1-6		电汇材料款及手续费	400 014.50		9 714 100.88
9	20×2-1-6		预付加工费	30 000.00		9 684 100.88
10	20×2-1-6		缴纳税金	810 713.71		8 873 387.17
11	20×2-1-7		付胶水款	100 000.00		8 773 387.17
12	20×2-1-8		电汇材料款及手续费	500 014.50		8 273 372.67
13	20×2-1-11		收到国航货款		227 307.60	8 500 680.27
14	20×2-1-15		收到北京兴华货款		477 438.40	8 978 118.67
15	20×2-1-17		收到迪斯康特公司预付货款		100 000.00	9 078 118.67
16	20×2-1-20		收到庆客隆货款		500 000.00	9 578 118.67
17	20×2-1-20		收到城乡仓储超市货款		500 000.00	10 078 118.67
18	20×2-1-22		收到恒丰货款		100 000.00	10 178 118.67
19	20×2-1-26		付水电费	21 049.05		10 157 069.62
20	20×2-1-28		提现	5 000.00		10 152 069.62
21	20×2-1-28		收到彩虹礼品公司货款		20 817.00	10 172 886.62
	发生额合计			1 993 457.76	1 925 563.00	10 172 886.62

3.银行存款余额调节表(中国银行)(见表9-21)

表9-21 银行存款余额调节表
20×1年12月31日

开户行:交通银行北京沙河支行　　　　　账号:26703012345　　　　　　　　　　　　单位:元

(1)银行存款日记账12月余额　　10 036 821.38	(4)银行对账单12月余额　　10 240 781.38										
(2)加:银行已记账,记账单位未记账的收入凭证			(3)减:银行已记账,记账单位未记账的付出凭证			(5)加:单位已记账,银行尚未记账的收入凭证			(6)减:单位已记账,银行尚未记账的付出凭证		
月	日	摘要	金额	月	日	摘要	金额	月	日	摘要	金额	月	日	摘要	金额
12	31	胜利集团货款	200 000.00									12	25	付养路费	3 960.00
		合计	200 000.00			合计				合计				合计	3 960.00
调整后余额:(1)+(2)-(3)=						10 236 821.38	调整后余额:(4)+(5)-(6)=									10 236 821.38

编制人:××　　　　　　　　　　　　　　　　　　　　　　　　　　　　复核人:××

4.函证银行存款

20×2年1月6日执行银行存款函证。关于开户行函证结果的情形设定举例:

(1)函证结果相符。

(2)在中国银行有2年期定期银行存款1 000 000元。

(3)存在银行借款500 000元。

提示:经询问,得知20×1年11月记059号凭证所记业务为一年期定期存款利息计息,本期该存款转存为两年期定期存款。

【实验内容】

1.编制货币资金审定表和明细表,并与报表数、总账数及明细账合计数核对是否相符。

2.编制库存现金监盘表。

3.编制银行存款明细表,并核对银行对账单,如果有差异,再与银行存款余额调整表核对是否相符。

4.检查银行存款余额调节表,并确定是否需要审计调整。

5.对银行存款余额进行函证,并根据实际情况编制银行存款函证结果汇总表和函证结果调节表。

6.对银行存款基本账户,编制截止测试表;在日前记录中选择两笔生成凭证。

7.编制大额现金收支检查情况表,抽样检查大额库存现金收支,追查至原始凭证。

8.编制大额银行存款收支检查情况表,抽样检查大额银行存款收支,追查至原始凭证。

9.根据审计过程中发现的错报,编制调整分录。

10.编辑审计结论生成到审定表。

11.进行底稿签名(对编制人与复核人运用当前表页签名与批量签名进行签名)。

实验项目十三　业务完成阶段审计工作

【实验目的】

了解审计报告阶段的工作流程和内容,掌握账项调整分录汇总表、重分类调整分录汇总表、列报调整汇总表、未更正错报汇总表以及试算平衡表的编制。

【实验资料】

结合教学情况,指导教师可指导学生分组进行审计结论的情形设定,并判断审计意见类型。

1. 20×2年2月18日注册会计师完成了审计工作,获取了充分适当的审计证据,足以对已审的财务报表发表审计意见。

(1)对于发现的所有应予调整和披露的事项,被审计单位均同意调整或披露。

(2)对于发现的应予调整和披露的事项,被审计单位部分或全部未接受调整建议。评估未更正错报影响是否重要及重要程度。

2. 审计范围(局部)受限

例如,应收账款无法函证,存货无法监盘,又不能执行替代审计程序。评估审计范围受限是否严重及严重程度。

【实验内容】

1. 召开项目组会议,汇总审计过程中发现的审计差异,确定建议被审计单位调整的事项,编制账项调整分录汇总表、重分类调整分录汇总表、列报调整汇总表、未更正错报汇总表以及试算平衡表草表。

2. 与被审计单位召开总结会,就下列事项进行沟通,形成总结会会议纪要并经双方签字认可。

(1)审计意见的类型及审计报告的措辞。

(2)账项调整分录汇总表、重分类调整分录汇总表、列报调整汇总表、未更正错报汇总表以及试算平衡表草表。

(3)对被审计单位持续经营能力具有重大影响的事项。

(4)含有已审计财务报表的文件中的其他信息对财务报表的影响。

(5)对完善内部控制的建议。

(6)执行该项审计业务的注册会计师的独立性。

(7)获得被审计单位同意账项调整、重分类调整和列报调整事项的书面确认。如果被审计单位不同意调整,应要求其说明原因。根据未更正错报的重要性,确定是否在审计报告中予以反映,以及如何反映。

(8)就上述有关问题与治理层沟通,提交书面沟通函,并获得治理层的确认。

3. 编制正式的试算平衡表。

4. 对财务报表进行总体复核,评价财务报表总体合理性。如果识别出以前未识别的重大错报风险,应重新考虑对全部或部分交易、账户余额、列报评估的风险是否恰当,并在此基础上重新评价之前实施的审计程序是否充分,是否有必要追加审计程序。

5. 将项目组成员间意见分歧的解决过程记录于专业意见分歧解决表中。汇总重大事项,编制重大事项概要。

6. 评价审计结果,形成审计意见,并草拟审计报告。

(1)对重要性和审计风险进行最终评价,确定是否需要追加审计程序或提请被审计单位做必要调整。

(2)按财务报表项目确定可能的错报金额。

(3)确定财务报表项目可能错报金额的汇总数(即可能错报总额)对财务报表层次重要性水平的影响程度。

(4)对被审计单位已审计财务报表形成审计意见并草拟审计报告。

7. 由项目负责经理复核工作底稿。

8. 由项目负责合伙人复核工作底稿。

9. 必要时,实施项目质量控制复核。

10. 获取经签署的管理层声明书,并确定其签署日期与审计报告的日期一致。

11. 撰写审计总结。

12. 完成审计工作完成情况核对表。

13. 完成业务复核核对表。

14. 正式签发审计报告。

参考文献

[1]马春静:《审计模拟实训教程》(第三版),中国人民大学出版社2018年版。
[2]北京鼎信诺科技有限公司:《鼎信诺审计系统5000系列操作手册》,2014年版。
[3]陈福军:《计算机辅助审计应用教程》,清华大学出版社2011年版。
[4]中国注册会计师协会:《中国注册会计师执业准则应用指南》,中国财政经济出版社2010年版。
[5]史德刚:《审计学实验》,东北财经大学出版社2008年版。
[6]袁小勇,王健琪:《审计实训教程》,经济科学出版社2012年版。
[7]张金城:《信息系统审计》,清华大学出版社2009年版。